ANORMAL

Lo «normal»
no está funcionando

CRAIG
GROESCHEL

La misión de Editorial Vida es ser la compañía líder en comunicación cristiana que satisfaga las necesidades de las personas, con recursos cuyo contenido glorifique al Señor Jesucristo y promueva principios bíblicos.

ANORMAL
Edición en español publicada por
Editorial Vida – 2012
Miami, Florida

Originally published in the U.S.A. under the title:
Weird
Copyright ©2011 by Craig Groeschel
Published by permission of Zondervan, Grand Rapids, Michigan 49530

Traducción: *Grupo Nivel Uno, Inc*
Edición: *Grupo Nivel Uno, Inc*
Diseño interior: *Grupo Nivel Uno, Inc*

ISBN: 978-0-8297-6046-0

CATEGORÍA: Vida cristiana/Crecimiento espiritual

IMPRESO EN ESTADOS UNIDOS DE AMÉRICA
PRINTED IN UNITED STATES OF AMERICA

12 13 14 15 16 ❖ 6 5 4 3 2 1

*Dedico este libro a
todos los que están hartos de lo normal
y quieren algo mejor.*

CONTENIDO

Reconocimientos

Atodos mis amigos, los que me apoyaron, alentaron y ayudaron en este proyecto. Nunca sabrán cuánto se los agradezco.

Mi reconocimiento especial a:

Dudley Delffs: Eres un genio de la edición. Nadie lo hace tan bien como tú.

Tom Dean, Brian Phipps, Sarah Johnson, Curt Diepenhorst y todo el equipo de Zondervan: Me encanta su compromiso y excelencia como editorial cristocéntrica.

Brannon Golden: Gracias por tu brillante tarea al frente de este proyecto. Tú y Kendra representan para mí mucho más de lo que imaginan.

Tom Winters: Marcaste la gran diferencia en este proyecto. Gracias por creer en él.

Lori Tapp: Gracias por mantenerme organizado y cuerdo en la oficina. Eres la respuesta a mis oraciones.

Catie, Mandy, Anna, Sam Bookie y Joy: ¡Son todo para mí!

Amy: Gracias por ser anormal como yo. Eres la chica de mis sueños, hoy y siempre.

Introducción

POR QUÉ ME ENCANTA SER ANORMAL

¿Sabes qué es lo anormal? Que pasan los días y nada parece cambiar. Pero de pronto ves que todo es diferente.

—BILL WATTERSON

Desde que puedo recordar, mi vida fue siempre bastante normal. De pequeño, molestaba a mi hermana, me enamoré de la vecina de al lado, y hacía piruetas y acrobacias como las de Evel Knievel con mi bicicleta marca Schwinn, modelo 1975, con asiento tipo banana. Cosas normales para cualquier chico, ¿verdad?

En la escuela secundaria me gustaba jugar al fútbol con mis amigos, ver el programa *Días felices* en televisión, y jugar a «Verdad o consecuencia» con las chicas detrás de la biblioteca en los recreos. De nuevo, cosas normales que todos hicimos.

Más tarde, me presenté como candidato a la junta estudiantil, contaba los días que faltaban para obtener mi licencia de conducir y exageraba ante mis amigos lo que hacía con las chicas con quienes me encontraba detrás de la biblioteca. Cosas típicas de adolescentes.

En la universidad siempre me quedaba dormido, no lograba levantarme a las ocho de la mañana para la clase de economía, pagué docenas de pizzas Dominos con mi primera tarjeta de crédito y me uní a la fraternidad Lambda Chi Alpha. Aunque en ese entonces no podría haberlo reconocido, cuando reflexiono en el pasado veo que mi principal objetivo era ser normal. Era mucho mejor adaptarse que destacarse. Me esforzaba mucho por vestirme igual que los demás (los Levi's y las camisetas polo imponían la moda), hacer lo que todos hacían (fiestas, nada de estudiar y correr tras todas las chicas que conocía), mezclarme con la multitud (siempre mostrarme muy moderno, pasara lo que pasara, y hablar como hablaban todos para mostrar que estaba tan *a la moda* como cualquiera).

Para mí y mis compañeros, lo normal era lo mejor. No conocíamos a nadie que quisiera ser anormal (excepto un principiante al que le dimos diez dólares para que se comiera una cucaracha viva, pero creo que le gustaba la notoriedad). Lo normal era estar en la onda, lo anormal era no estarlo. La gente normal era la que tendría éxito. Los anormales eran los perdedores, los que seguramente rodarían cuesta abajo.

Cuando tienes que dedicar todo tu tiempo a adaptarte, casi ni te detienes a pensar en las cosas serias de la vida. Al menos, hasta que una de ellas te da por la cabeza. Todos los que vivíamos para estar en onda sufrimos un golpe como ese una cálida noche de octubre cuando estábamos en segundo año. Laura, una de las chicas más normales que conocía, había empezado a conducir su auto para visitar a sus padres. Era un viaje de tres horas. Como todos los universitarios normales, probablemente había dormido mucho menos de lo que necesitaba su cuerpo, gracias a que estudiaba hasta muy tarde y además salía de fiesta hasta más tarde todavía. En esa trágica noche, Laura se durmió al volante, chocó contra un árbol y murió al instante.

De repente, la vida normal ya no nos lo parecía tanto. A nadie.

La muerte de Laura fue tan repentina, tan inesperada, tan permanente... Tenía dieciocho años, con toda la vida por delante. Era bella, inteligente, divertida, una chica igual a todos los demás, igual a nosotros. Pero había tenido que comprender de golpe el significado de la eternidad, algo en lo que mis amigos normales y yo convenientemente evitábamos pensar.

Nuestra escuela organizó un «servicio de celebración» con el fin de honrar la vida de Laura y darnos una oportunidad para llorarla. En silencio, desde mi lugar en la tercera fila de bancas de aquella pequeña capilla del recinto universitario que tanto nos habíamos esforzado por evadir entre nuestros lugares de encuentro, me percaté de que ahora la vida era distinta, aunque no sabía muy bien qué era lo que había cambiado. De repente, mi examen de literatura inglesa y mi juego de tenis del día siguiente ya no me parecían tan importantes.

Fue solo el principio. Sin aviso previo, mi mentalidad normal empezó a molestarme. Como un sordo dolor de muelas que molestaba cada día más, mi incomodidad con «como son las cosas» parecía aumentar continuamente. Durante años, había formulado las preguntas que hace la gente normal: *¿Por qué no quiere salir conmigo la porrista principal? ¿Qué clases me conviene tomar? ¿Me cambio de curso? ¿Soy popular? ¿Lo suficientemente popular? ¿Soy bueno? ¿Lo suficientemente bueno? ¿Tengo éxito? ¿Suficiente éxito? ¿Podré lograr una educación que me permita conseguir un buen empleo para comprarme una linda casa y casarme con una buena mujer y tener chicos buenos para poder ser... qué? ¿Normal?*

Con un poder casi magnético, la muerte de Laura me llevó a formularme preguntas mucho más relevantes: *¿Es esto la vida? ¿Por qué estoy aquí? ¿Y si hubiera sido yo el que se durmió al volante? Si mi vida acabara ya, ¿importaría? ¿Qué pasa cuando morimos? ¿Existe Dios? ¿Existe el cielo y el infierno y todo eso de lo que hablan los cristianos?*

Estas nuevas preguntas me llevaron a hacer algo completamente anormal para mi grupo de la fraternidad y mis amigos fiesteros: comenzar un estudio bíblico. Debo admitir que, principalmente motivado por mis nuevos temores y preocupaciones, también vi que era una oportunidad para mejorar la reputación de nuestra fraternidad, que estaba en caída libre. Y si podía hacer que mi nuevo interés en Dios se viera como una movida de relaciones públicas, entonces podía mantener en secreto mi verdadera motivación. Después de todo, la gente normal no anda por ahí preguntándose por la muerte, la eternidad y el significado de la vida, ¿no es cierto?

Técnicamente, tal vez tampoco puedo decir que fuese un *estudio* de la Biblia. Era más una cuestión de «tratar de leer la Biblia con un grupo de gente que no sabe absolutamente nada de ella». Y para que quede claro, digo que yo no era del tipo de persona que estudia la Biblia. Pero aunque no sabía bien qué tipo de gente la estudiaba, casi estaba seguro de que no serían chicos que salían de una fiesta para tener relaciones sexuales con alguna de las chicas de la universidad.

Así que, a pesar de las burlas y las risas de nuestros amigos, algunos de los de la fraternidad nos reunimos un martes por la noche en el salón que llamábamos «la cueva» para tratar de hacer algo que ninguno había hecho jamás, y mucho menos en grupo: leer la Biblia.

Empezamos por Mateo, capítulo 1 (sabía lo suficiente como para empezar por el Nuevo Testamento, no por Génesis) y fuimos avanzando como podíamos. Al final de cada reunión, orábamos y le pedíamos a Dios que nos protegiera mientras salíamos de fiesta el fin de semana. Sí, sé que no es lo habitual. Pero en esas estábamos en ese momento.

Este estudio bíblico, o mejor dicho este intento, fue el preludio de cosas aun más anormales. Lo más extraño fue que cuanto más leía la Biblia, más sentía que Dios empezaba a hablarme. Cada día leía algo que me parecía especialmente personal, que me llegaba en el momento oportuno (palabras de aliento, o convicción o perdón).

Poco a poco sentí que mi corazón empezaba a enternecerse en cuanto a Dios. Tal vez existiera, después de todo. Al sentir su voz a través de las Escrituras, percibí que me estaba buscando, llamando y atrayendo con toda ternura.

A medida que ese tierno tironeo espiritual iba haciéndose más y más fuerte, empecé a contemplar la idea de lo que podía significar el hecho de tomar en serio a Dios. *¿Y si Cristo era real? ¿Y si sus enseñanzas fueran verdad? ¿En qué cambiaría mi vida si de veras trataba de vivir como él? ¿Qué pasaría si de veras decidía entregarle mi vida a Dios?*

Aunque no conocía todas las respuestas, sabía lo suficiente como para prever que la búsqueda de lo que respondiera a mis preguntas iba a obligarme a salir de ese círculo tan seguro que representaba para mí el ser un chico normal.

ANORMAL, EN LETRAS ROJAS

A medida que me internaba en esta nueva pasión que sentía por el estudio de la Biblia, noté que había palabras impresas en color rojo, no en negro. Eran las palabras pronunciadas por Jesús. ¡Como si lo que dijera no se destacara ya! Al leer lo que él enseñaba, vi que no se le podía llamar a eso «normal». Eran enseñanzas tan extrañas que, con toda facilidad, podía pensarse que no eran de este mundo.

Jesús dijo: «Pero a ustedes que me escuchan les digo: Amen a sus enemigos, hagan bien a quienes los odian, bendigan a quienes los maldicen, oren por quienes los maltratan. Si alguien te pega en una mejilla, vuélvele también la otra. Si alguien te quita la camisa, no le impidas que se lleve también la capa» (Lucas 6:27-29).

Lo normal es que odies a tus enemigos. Jesús te dice que los ames.

Lo normal es que busques vengarte de los que te ofenden o lastiman. Jesús te muestra que tienes que ser bueno con ellos.

Si alguien te pega, lo normal es que le pegues de vuelta. Pero Jesús te dice que pongas la otra mejilla.

Seamos sinceros. Todo eso no solo es contrario a nuestra intuición y a todo lo que aprendimos en el patio de la escuela primaria. Es todo lo opuesto, anormal, extraño. Y eso que no son las enseñanzas más inusuales de Jesús. Porque también enseñó que tenemos que orar por quienes nos persiguen. *¡Qué anormal!* Además, dijo que si queremos encontrar la vida, tenemos que perderla. *Más anormal todavía.* Y que si no aborrecemos a nuestros padres es que, en realidad, no nos hemos comprometido con él. *¡De lo más anormal!*

Me preparaba para nuestra reunión semanal «tratando de leer la Biblia con un grupo de gente que no sabía absolutamente nada de ella», y me topé con dos versículos que eran como una pared de ladrillos: «Entren por la puerta estrecha. Porque es ancha la puerta y espacioso el camino que conduce a la destrucción, y muchos entran por ella. Pero estrecha es la puerta y angosto el camino que conduce a la vida, y son pocos los que la encuentran» (Mateo 7:13-14).

Esas palabras de Jesús en color rojo me impresionaron. *Son muchos* los que están en el camino a la destrucción. *Y son pocos* los que están en el camino que lleva a la vida. Por tanto, ¿dónde estaba yo? ¿Estaba yendo con la corriente del tráfico, a ciegas, por la autopista equivocada? ¿O iba en la dirección correcta con unos pocos más, por la calle de una sola vía?

Aunque quería creer que me contaba entre esos pocos, mi corazón sabía que estaba atascado en un embotellamiento de tráfico. Las palabras del Señor brillaban como un gran aviso de luces de neón que me indicaban un camino que no había notado porque estaba tratando de mantenerme en el curso de la normalidad. Lo cierto de sus palabras de repente pareció muy claro.

La mayoría de las personas —la multitud— viaja por el camino equivocado, el que lleva a la destrucción. Esos son los normales, los que tratan de verse como los demás, gastar dinero como los demás, vivir como los demás, mantenerse al tanto como los demás. Pero ese camino es un callejón sin salida. Solo unos pocos —los anormales, los que no temen salir de la autopista normal— encuentran el camino correcto. No son muchos. Más bien, se trata de un pequeño aunque valiente grupo de viajeros que están dispuestos a salir de la multitud y embarcarse en una travesía diferente, por un camino menos obvio.

¡Estamos hablando de dar una vuelta en U! ¡Y de las grandes! Allí estaba yo, marchando con comodidad a velocidad crucero por la carretera interestatal, a unos ciento cincuenta kilómetros por hora, convencido de que iba en la dirección correcta porque todos iban en el mismo sentido. Y, de repente, el dispositivo posicional satelital (GPS) me reveló que el lugar al que yo quería ir *realmente*, allí donde *tenía que ir*, quedaba hacia el lado contrario y para llegar tenía que tomar un camino más angosto. Para seguir a Jesús en verdad, y para conocerle, iba a tener que ser distinto a mis amigos, a todos los demás. Pero yo no quería serlo, como esos cristianos que parecían bobos, con sus guitarritas y folletitos que se suponía no tenían que verse como folletitos. Los cristianos eran diferentes, lo cual era anormal, y yo lo que quería era ser normal. Estaba comprometido con eso.

Y como no quería ser anormal, no iba a cambiar de rumbo para seguir a Jesús.

ANORMAL, PRIMERA LECCIÓN

¿Quién podía culparme? A decir verdad, ¿no has notado lo anormales que pueden ser los cristianos? Ya sabes de lo que estoy hablando. Ese raro tipo de cristiano de los programas televisivos baratos que se trasmiten por cable muy entrada la noche. No hablo solo de esa gente con peinados ostentosos (como soy de Oklahoma, estoy acostumbrado a eso), sino de las que tienen el cabello color violeta, que dicen *Jesús* con esa inflexión tan violenta como los que andan por ahí anunciando cosas locas: «*Jesúuuuuuuuuus*. ¡Sana, en el nombre de Jesúuuuuuuuuus!». Esos con trajes como los de las caricaturas y que prometen la bendición de Dios a cambio de una «contribución» mensual.

Mientras seguía luchando con la convicción que me invadía cada vez que leía las palabras de Cristo, me vi forzado a volver a pensar en eso de los anormales. ¿Y si ser anormal como cristiano no significaba lo mismo que ser como los anormales de esos programas de locos, con griterías, que te incomodan, esos anormales porque sí nada más? ¿Y si la Biblia me hablaba de ser anormal en un aspecto diferente, de ser distinto en el buen sentido de la palabra, de no hacer lo que hacen todos solo porque la mayoría lo hace?

Aunque siempre creí en Dios, tenía que reconocer que —en verdad— no lo conocía, ni sabía lo que significaba eso de seguirle. Quizá los anormales que yo relacionaba con lo religioso no eran lo que Jesús quería con respecto a que los cristianos fuesen distintos. Tal vez había un mundo loco y nuevo de anormales que surgía al escoger el camino angosto. Quizá había llegado el momento de dejar el camino normal, ese camino ancho que ya conocía, para probar otro, ese camino angosto de maravillosa «anormalidad» que no podía siquiera imaginar.

Después de una de las reuniones de estudio bíblico, un martes por la noche, anduve caminando solo y llegué a un campo de softbol donde no había nadie. Había decidido que a pesar de lo que pudiera costarme, incluso si el precio era no ser normal, iba a conocer a Jesús y vivir para él. Quería vivir la vida a su manera, no a la mía. Me arrodillé allí en el campo y oré. Dejé lo normal atrás, decidí abrazar esa forma de ser anormal que Dios me ofrecía para seguir a Cristo. Sentí que dentro de mí algo se derretía, por lo que salí de ese lugar cambiado para siempre. No puedo describir con palabras lo que sentía, esa gracia de Dios que me llenaba.

No pasó mucho tiempo antes de que los demás notaran el cambio. Cuando les dije a los de mi fraternidad y a mis compañeros de equipo que ahora era cristiano, me miraron con esa incertidumbre usualmente reservada para los animales salvajes y los locos. Sin embargo, pronto vieron que yo no era un tipo peligroso. Solo anormal. En cuestión de momentos, pasé de ser un tipo normal —bastante popular, común— a ser un loco por Cristo de primera línea.

El cambio que tal vez se notó más, y de inmediato, fue mi compromiso con la pureza. Ya no tendría relaciones sexuales hasta que me casara. Sin exagerar, mis amigos obsesionados por el sexo pensaban que había perdido un tornillo y que, por haber tomado demasiado Kool Aid, estaba totalmente borracho. Además, varios de los de la fraternidad apostaron cien dólares a que no iba a durar ni un mes en eso. Que volvería a lo de antes. ¡Quiero que sepas que perdieron la apuesta!

SER NORMALES NO RESULTA

Me gustó tanto ser ese tipo anormal, al estilo de Dios, que un par de años después decidí que quería ser pastor (algunos estarán pensando: «¡Eso *sí* que es anormal!»). En todo este tiempo he visto a muchas personas normales, algunas de las cuales parecen intentarlo más que otros. Están por todas partes incluso hoy, cuando todo el mundo quiere marcar su individualidad, ellos siguen queriendo que los acepten, siguen queriendo encajar, más que cualquier otra cosa.

Sin embargo, resulta que hoy ser normal no es ni tan fácil ni indoloro como parecía serlo tiempo atrás. Es más, consume mucho más de tu tiempo. Porque no alcanzan las horas del día para comprar, vender, conducir, cocinar, limpiar, llamar, ir de compras, comer, planificar, estudiar, escribir, repasar, organizar y hacer todas las cosas. Abrumados, sobrecargados, agotados, oímos que todo el mundo habla de que no le alcanza el tiempo, aunque solo sea para poder «ponerse al día» con todo lo que ya están haciendo: correr, planificar, preocupase y correr de nuevo. Y ves que la familia es la que sufre. Que la salud se desgasta. Que las prioridades se esfuman. Que la alegría se evapora. La mayoría de las personas no saben cuál es el rumbo de sus vidas, porque tienen el alma mareada de dar tantas vueltas. El hecho de pensar en relajarse sin interrupciones, en descansar y disfrutar de la vida, luce como una propaganda de un ancianato. Normal significa estar ocupados, y ocuparse más.

Y en términos de dinero, es normal endeudarse al punto que ya ni ves cómo salir de ello. El dinero se vuelve un pozo sin fondo, lleno de preocupación, miedo, ansiedad, tensión y peleas. Casi toda la gente que conozco vive de salario en salario. Ganan mucho más que antes, pero nunca les alcanza. Ahora, más que nunca, es caro ser normal, con tantas cosas buenas que hay que comprar y cuidar, con tantas experiencias normales que uno quiere que su familia pueda disfrutar. Lo único es que resulta difícil disfrutar de todo eso si la horca del dinero te aprieta un poco más con cada pago mensual.

Las relaciones normales no requieren de mucho, pero tampoco ofrecen demasiado. Tú y tu cónyuge viven tan ocupados, tan tensos, tan agotados que, por lo general, no queda tiempo para dedicarle al otro. Por tanto, no es extraño que lo normal sean las aventuras amorosas. Porque nos brindan atención, romance y sexo sin compromiso, sin ese sacrificio o intimidad que el matrimonio requiere. De la misma manera, la gente dice que le encantaría pasar más tiempo con sus hijos, pero tiempo es justamente lo que les falta. Los chicos están casi tan ocupados y estresados como los padres. Sería genial que sostuvieran conversaciones profundas, significativas, y que se contaran experiencias que permitieran enseñarles a los hijos lo que saben los padres. Las familias normales, sin embargo, no operan de ese modo.

Además, ¿qué hay más normal que el sexo? El sexo premarital, el sexo extramarital, el sexo entre amigos «con beneficios». La pornografía, la experimentación, los «encuentros casuales», y todo lo que haga sentir bien a los adultos que estén de acuerdo con eso. Es totalmente normal. Sí, tal vez nuestros padres eran timoratos, reprimidos con respecto al sexo. Pero nosotros somos más progresistas, estamos más liberados hoy. En el siglo veintiuno, ¿por qué rayos querría alguien seguir siendo virgen hasta el día de su boda? Después de todo, como decía uno de los de mi fraternidad, uno no compra un auto sin probarlo primero, ¿verdad? Por desdicha, lo normal también tiene su precio, y es bastante alto: culpa, vergüenza, confusión, remordimiento, enfermedades, adicción, hijos indeseados y divorcios.

Lo normal también infecta la fe, tanto aquello en lo que creemos como la forma en que lo vivimos. Cuando piensas en cómo se relaciona la gente con Dios, es normal que lo rechacen o que crean en él aunque vivan como si no existiera. En las iglesias, lo normal es el cristianismo tibio, el consumismo espiritual egocéntrico, superficial, la fe centrada en uno mismo. Dios se ha vuelto un medio para llegar a un fin, un utensilio en nuestra caja de herramientas que nos permite conseguir algo más. La mayoría de la gente afirma que conoce a Dios, pero sus acciones lo niegan.

Y todo eso es normal.

Pero ser normales no resulta.

ANORMALES A PROPÓSITO

Por medio de este libro te desafío a salir del camino normal para entrar en otro que puede parecerte un tanto anormal. Es probable que digas: «¡Pero Craig, eso es *demasiado* extraño!». Y cuando eso suceda, lo más seguro es que sea porque vamos avanzando. Porque vamos a hablar de cambios drásticos. Hay que enfrentar eso: Si los cambios pequeños pudieran marcar la diferencia, hace rato que los habrías hecho. Todo el mundo va por el camino ancho. Y son pocos los que toman el angosto.

Por cierto, no hace falta que estés de acuerdo con todas mis ideas, pero si tomas la Biblia en serio, confío en que no vas a negar que la forma normal en que hoy vive la gente está a kilómetros de distancia de lo que Dios pensó. Así que, el hecho de separarnos de lo que el mundo considera normal, no es solo cuestión de obediencia. Dios nos invita a bailar a un ritmo distinto porque sabe que eso es lo que de veras nos hará vivir a plenitud, satisfechos, completos.

En lugar de vivir tenso, abrumado y agotado, puedes tener una vida de relaciones significativas, programada, con reposo y descanso profundo para tu alma, un descanso que te ha de llenar. En vez de conformarte con ese constante temor y tensión por lo económico, puedes dejar que la Palabra de Dios te guíe por el camino a la paz financiera, con beneficios adicionales, con inversiones eternas. En lugar de dejar que tu matrimonio vaya a la deriva y se convierta en dos vidas paralelas o en un divorcio como final inevitable, puedes vivir en verdadera intimidad con tu esposo o esposa. En vez de seguir por el camino normal de lo sexual que lleva al dolor, al vacío y a la idolatría, puedes permitir que Dios te sane, que cambie tu forma de pensar, que ponga salvaguardas intencionales en tu vida para protegerte. Dios quiere que lo conozcas y lo ames; no que lo reconozcas y consideres un papito cósmico, uno que flota en el cielo.

Si se lo permites, si decides no seguir avanzando por ese camino ancho que te presenta el mundo, eligiendo más bien andar por el angosto sendero en el que Jesús es el guía, entonces nunca más vas a querer lo normal, nunca más lo normal te satisfará. Porque querrás una sola cosa.

Ser anormal y distinto, al estilo de Dios.

Primera parte

EL TIEMPO

EL TIEMBO

Capítulo 1

CÓMO MATAR
EL TIEMPO

Cuando mates el tiempo, recuerda que no resucita.

—A. W. TOZER

Precisamente antes de la Navidad, toda la familia se metió en nuestra camioneta —que parece de juguete— y nos dirigimos al centro comercial más cercano para comprar unos regalos de último momento antes de ir a toda velocidad al lugar donde era la fiesta. Como siempre, llegábamos tarde y casi al tiempo de que lo cerraran.

Al entrar en el estacionamiento, quedé aturdido en medio del tráfico de autos que avanzaban con una lentitud terrible, centímetro a centímetro, como si fueran hormigas atrapadas en un charco de miel. Instintivamente, oré con egoísmo: «Dios, por favor, dame un lugar para estacionar» (como si Dios quisiera que yo consiguiera uno antes que todas las otras hormigas). Por el rabillo del ojo vi una vieja camioneta que estaba saliendo, cerca de la entrada al centro comercial. *Dios es tan bueno.* Pisé el acelerador y casi volé hacia la respuesta a mi oración, esperando ganar así unos preciosos segundos.

Clavé en ese lugar la estaca del «ojo asegurador» (es la antigua práctica que dice que un espacio es tuyo porque lo miras fijo y, si no apartas la mirada, nadie te lo podrá quitar). Aliviado porque iba a evitarme el tedio de tener que buscar pasillo por pasillo, mantuve los ojos clavados en el lugar y me preparé para estacionar allí. Entonces, apareció un auto deportivo rojo, de la nada, justo delante de mí. Y quebrantando mi honorable «ojo asegurador», se robó *mi estacionamiento.*

Increíble.

Con una frustración que amenazaba con hacerme estallar, y la presión en aumento porque llegábamos tarde, hice algo de lo que no estoy nada orgulloso. Mientras mi esposa trataba de calmarme y mis hijos oraban en voz alta, retrocedí, apunté directamente al auto rojo, puse velocidad neutra y pisé el acelerador para que el motor rugiera.

El conductor observó por el espejo retrovisor y me vio furioso. Como si fuera uno de los rezagados en la línea de salida de una carrera, puse la palanca de cambios en «avanzar», pisé, y mi automóvil se dirigió peligrosamente hacia la parte trasera del auto enemigo.

La verdad, no sé muy bien qué pasó entonces. Quizá fue mi esposa, que me amenazaba. Quizá fue Dios, en respuesta a la oración de los niños. O tal vez vi que lo que yo conducía era nuestra camioneta y que no estaba en una carrera tipo NASCAR. Sea cual fuera la razón, justo antes de chocar, pisé el freno y el auto se detuvo a centímetros del otro. Con todo mi amor cristiano, bajé la ventanilla y grité con todos mis pulmones: «¿Qué crees que estás haciendo? Sabes que yo estaba mirando ese lugar. ¡Idiota! Ahora, por tu culpa llegaré tarde de veras. ¡Tonto con auto deportivo rojo!».

Volví a unirme a las demás hormigas y durante veinte minutos más buscamos un sitio, hasta que por fin encontré uno que parecía estar más cerca de la frontera estatal. Gracias a mí, ninguno de mis familiares tenía el espíritu de la Navidad cuando entramos en el centro comercial (mi esposa casi no me hablaba); además, llegaríamos más tarde que nunca. Corrimos de tienda en tienda, casi sin aliento ya. Al entrar en la tienda JC Penney, imagina quién se nos acercó: mi viejo amigo, el conductor del auto rojo.

Genial. Por mi mente pasaron las imágenes de los titulares de prensa: «Pastor agrede a conductor que le quitó el lugar para estacionar».

El hombre me dijo:

—Veo que está realmente apurado.

Mi presión siguió en aumento.

—Pero parece que usted hace más cosas de las que puede.

En eso, mi esposa me miró como diciendo: *Más te vale que recuerdes que eres pastor y te comportes.*

Y en eso, el hombre continuó:

—Me gustaría hablarle de alguien que en verdad puede ayudarle: Jesús. Creo que lo necesita. Él puede cambiar su vida.

¡Ay! ¡Cómo duele!

CUANDO MÁS NO ES NECESARIAMENTE MEJOR

En realidad, no puedo culpar a nuestra cultura por mi falta de control, aunque por cierto, no ayuda para que podamos lidiar con nuestro tiempo de la mejor forma. Vivimos en una sociedad que está desesperada por tener más tiempo, que implacablemente nos empuja al límite y no solo en época de Navidad. Comprar más, hacer más, lograr más, conquistar más. Correr, correr. Rápido, rápido. Más productivo, más eficiente, más expeditivo, más, más, más. La locura parece ser la norma. La mayoría de la gente trabaja muchas horas más de las que trabajaba antes (¿hay alguien que todavía trabaje solo cuarenta horas a la semana?) para tratar de salir adelante, o simplemente de sobrevivir. Nuestras noches, o nuestro tiempo libre, están llenos de actividades: los deportes de los chicos, las lecciones de música y sí… también la iglesia. En muchos hogares, no hay cuándo sentarse todos juntos a la mesa para comer en familia. La cena familiar de hoy suele incluir una comida comprada en la ventanilla de un restaurante de comida rápida, en los quince minutos que quedan entre la clase de danzas y la práctica de fútbol.

Hasta los chicos se aturden. Conozco muchas familias con niños de siete y ocho años que además de la escuela y la tarea, tienen actividades extracurriculares cuatro o cinco tardes o noches por semana (y ni hablar del horario que hay que cumplir los sábados y domingos). Y eso, en nuestra cultura, es lo normal o incluso lo esperado. Todos queremos una buena formación para nuestros hijos, ¿verdad? No querríamos privarlos de las necesidades del estilo de vida que tienen sus amiguitos, ¿no es cierto?

Tienes tiempo suficiente como para hacer todo lo que Dios quiere que hagas.

En muchos casos, los horarios que les imponemos a los chicos terminan consumiéndonos. Si alguien nos preguntara: «¿Disfrutas de tu vida?», casi la mayoría tendríamos que responder: «No… ¡y no tengo tiempo para hablar de eso ahora!».

Siempre estamos apurados, siempre corriendo, siempre nos falta tiempo. Casi toda la gente que conozco no tiene espacio para equivocarse al organizar sus días. Es lamentable, pero la mayoría casi no tiene tiempo para esas cosas de la vida que dicen que tanto les importan. Cuando nos buscamos demasiadas actividades, creyendo que podemos hacerlo todo, dejamos de ser humanos y tratamos de ser dioses, algo que no solo es imposible, sino que además muestra una arrogancia asombrosa. La mayoría vivimos a un ritmo que no solo es imposible de sostener, sino que además, es contrario a la Biblia.

En vez de llegar a la típica conclusión de que sencillamente no nos alcanza el tiempo, ¿qué pasaría si nos aferráramos a la verdad, por loca, anormal o irracional que pudiera parecer?

Tienes tiempo suficiente como para hacer todo lo que Dios quiere que hagas.

Dios te ha dado todo lo que necesitas para cumplir con todo lo que quiere que hagas, y eso incluye el tiempo suficiente (2 Pedro 1:3). No necesitamos más tiempo. Lo que necesitamos es utilizar de manera diferente el que ya tenemos. Tienes tiempo para aquello en lo que elijas invertir tus horas. Todos los días decimos: «No tengo tiempo para hacer gimnasia… para leer la Biblia… para ir a la iglesia esta semana… para ir a almorzar con alguien… para agregar algo más». Pero en verdad, siempre encontramos tiempo para lo que nos importa. Si el golf es una prioridad, entonces encontramos tiempo para jugarlo. Si nos importa cenar con los amigos, nos hacemos tiempo para ello. Si la prioridad es tomar sol, hacer ejercicio o cortarnos el cabello, siempre parece que encontramos el tiempo que necesitamos. La próxima vez que estés a punto de decir: «No tengo tiempo» para algo, piénsalo. Y repite esta verdad en tu mente: o no es una prioridad y estás guardándote tu tiempo por una buena razón, o sencillamente no tienes ganas de usar tu tiempo para esto.

La gente normal hace cosas normales a ritmo normal, vertiginoso, y nunca tienen tiempo para hacer las cosas más importantes. Por eso estamos llamados a romper con esa tendencia de la acelerada y frenética agenda ocupada para reconfigurar nuestros motores de acuerdo a la velocidad de Dios. Alimentados por la fe y la pasión por nuestras verdaderas prioridades, conduciremos a contramano para poder hallar el reposo, la frescura y el tiempo para esas cosas que más importan en la vida.

LA HISTORIA DE DOS HERMANAS

Nuestras ocupaciones constantes hacen que perdamos más que solo el descanso y el reposo. Estoy convencido de que la gente normal se pierde la mayoría de las bendiciones de Dios porque están demasiado ocupadas como para notarlas. En ninguna parte lo vemos con mayor evidencia que en la escena de dos mujeres que no están de acuerdo en cuanto a cómo usan su tiempo. Una de ellas está convencida de que no le alcanza el tiempo. Pero su hermana acepta la oportunidad de un encuentro único y, como resultado, recibe un regalo con una recompensa literalmente eterna: «Mientras iba de camino con sus discípulos, Jesús entró en una aldea, y una mujer llamada Marta lo recibió en su casa. Tenía ella una hermana llamada María que, sentada a los pies del Señor, escuchaba lo que él decía. Marta, por su parte, se sentía abrumada porque tenía mucho que hacer. Así que se acercó a él y le dijo: —Señor, ¿no te importa que mi hermana me haya dejado sirviendo sola? ¡Dile que me ayude!» (Lucas 10:38-40).

Lo interesante es esto: María y Marta tienen la misma oportunidad. Jesús, el mismísimo Hijo de Dios, ha venido a la casa de Marta. ¿Qué harías tú si supieras que Jesús viene a visitarte? Ahora bien, María quizá tenía que hacer cosas, como nos pasa a todos. Tal vez no había lavado la ropa todavía. O quizá tenía que ir a hacer las compras (o matar el ternero que habían engordado, tarea que consumía mucho tiempo). Por cierto, podría haberse dedicado a barrer, limpiar y ordenar. Pero prefirió crear un momento entre todo eso. Dijo: «Ahora mismo, mientras tenemos este tiempo, no iré a hacer todas esas cosas. Voy a aprovechar este momento y simplemente disfrutar de estar con Jesús mientras puedo».

María tomó una decisión deliberada. No es que fuera holgazana y usara a las visitas como pretexto para no ayudar a su hermana con las tareas de la casa. Ella decidió centrar la atención en lo que más importaba. ¿Cuándo fue la última vez que te detuviste lo suficiente como para aprovechar un momento superimportante?

Si eres como yo, hará falta algún recordatorio. Precisamente anoche estaba en casa, en mi escritorio, respondiendo mensajes de correo electrónico. Mi hija menor, Joy, entró dando saltitos, con su largo cabello atado en colitas y la boca llena de migas de galletas Oreo, y me preguntó:

—Papi… ¿podemos jugar algo?

Perdido en mi trabajo, murmuré el «Credo del padre ocupado»:

—En un ratito, amor… estoy haciendo algo importante. Quiero terminarlo. Vamos a ver… tal vez más tarde.

Sin pestañear siquiera, Joy espetó:

—Pa… mírame y *jamás* olvides esto: ¡Nunca más voy a tener seis años! ¡No querrás perdértelo!

Sonreí ante su táctica negociadora. La culpa que nos hacen sentir los chicos siempre da resultado. Sin embargo, ahora, ese trabajo tan importante ya no me parecía tan urgente. Con alegría apagué la computadora, me metí una galleta Oreo en la boca y me senté a jugar con ella a atrapar pececitos con imanes (un juego que llaman Go Fish).

Dejar que esos momentos pasen de largo es una tentación, ya que nos abruman las muchísimas cosas que compiten por captar nuestra atención. Marta, mujer muy ocupada, lo sabía bien. Mientras María decidió aprovechar ese momento, Marta era como muchos de nosotros: estaba preocupada, concentrada en sus cosas, ocupada en sus muchas labores, muy atareada. Marta estaba a punto de perder los estribos.

Pero lo que hay que ver es esto: todo lo que mantenía ocupada a Marta eran cosas buenas. Ella no estaba ocupada haciendo lo malo. No estaba ante la tentación de cometer un pecado. Es más, incluso diríamos que sus prioridades eran buenas, necesarias. Para ser justos con ella, tal vez nosotros pensaríamos igual si estuviéramos en su lugar: «Bien, tengo que pensar en esto. Es Jesús el que viene. *El* Jesús. Todo el mundo anda diciendo que es el Hijo de Dios, ¡el Cristo! Mejor será que saque el juego de porcelana con los gorriones y las hojitas de higuera. Y hacen falta velas nuevas. Tengo que ver que el papel higiénico combine con las cortinas del baño. No quiero que el Señor se lleve una mala impresión de nuestro hogar y nuestra familia. ¡Dios no permita que nos vea como si fuésemos paganos!

¿Te parece conocido? Como Marta, caemos en la trampa de las muchas ocupaciones, en lugar de ser más grandes que el tirano de la urgencia. Ya he oído decir varias veces que «si el diablo no logra que seamos malos de veras, intentará que estemos siempre muy ocupados». Y es cierto. Lo más importante casi nunca es lo que parece tan urgente. Cuando algo pequeño clama a gritos por nuestra atención, su ruido a menudo ahoga el susurro de lo que tiene una enorme importancia.

Si el diablo no logra que seamos malos de veras, intentará que estemos siempre muy ocupados.

Marta se dedica tanto a su misión que no puede imaginar por qué los demás no harían lo mismo que ella. Considera la urgencia de su voz: «Señor, ¿no te importa que mi hermana me haya dejado sirviendo sola? ¡Dile que me ayude!» (Lucas 10:40). Sin embargo, ella misma no está oyendo su propio mensaje. Marta le dice a Jesús, con palabras, que él es lo más importante («Señor»), incluso cuando está absolutamente convencida de que lo *correcto* es ocuparse de todas las otras cosas. «Jesús, estoy haciendo todo esto, preparando los tragos con las sombrillitas de colores y los bocaditos especiales (sin gluten, sin tocino), descargando la lavadora, poniendo la mesa… ¡y María está sentada ahí, mirando el aire! ¿Están jugando?». Marta no solo se está perdiendo la oportunidad que tiene delante, sino que se siente más que justificada al dejarla pasar de largo.

LA MAYORÍA MANDA

El dilema de María y Marta es el desafío que todos tenemos por delante. Casi todos estamos convencidos de que la forma en que vivimos es absolutamente necesaria… y correcta. Nuestra cultura, el mundo en que vivimos, nos ha lavado el cerebro: «Así es como *tenemos* que vivir. Estar realmente ocupados significa que tienes éxito, que eres importante, que tu vida tiene sentido». Y nos convencemos de que eso tiene que ser así, con mucha actividad «importante», con tantas ocupaciones, pensando que eso es lo que realmente importa, que indica cuánto valemos, cuánto talento tenemos. Todo el que valga algo, siempre estará ocupado, ¿no es cierto?

En la introducción mencioné el efecto de «alarma despertador» que tuvo en mí el texto de Mateo 7:13 en un momento crucial de mi vida. Veámoslo de nuevo, ahora en una versión diferente de la Biblia: «Es muy fácil andar por el camino que lleva a la perdición, porque es un camino ancho. ¡Y mucha gente va por ese camino!» (TLA). ¡Todos van por allí! Bueno, parece entonces que si *todos* lo hacen, es claro que el camino tiene que ser ancho. Tienen que pasar por una puerta ancha. Muchos eligen ese camino porque un vehículo tan grande, que lleva tantos pasajeros, necesita ser muy ancho, con salidas espaciosas.

Notemos que estos versículos están precedidos por: «Entren por la puerta estrecha» y que luego leemos: «Pero estrecha es la puerta y angosto el camino que conduce a la vida, y son pocos los que la encuentran» (Mateo 7:13-14). Así que, si pareciera que hacemos algo diferente a lo que hacen todos los demás, y si eso incluso parece difícil, no es malo, sino bueno que así sea.

Cuando comparo el ritmo de mi vida con el de la Palabra de Dios, enseguida noto que hay algo que no estoy haciendo bien. El solo hecho de que todos hagan algo no implica que ese algo esté bien (¡Ah, acabo de decir una frase que mamá me decía todo el tiempo!). Es más, cuando todos hacen algo, eso indica que habrá que estudiarlo en lugar de seguir al rebaño por instinto y hacer lo que todos hacen.

¿Qué pasaría si automáticamente cuestionáramos lo que manda hacer la mayoría? Así como sucedió con Marta, que quería prepararle a Jesús una cena especial en un entorno bello, tal vez no haya nada que sea inherentemente malo en la conducta popular y corriente. Incluso, puede tratarse de algo bueno. Pero, ¿será lo mejor?

La gente normal permite que las cosas buenas se conviertan en enemigas de las cosas mejores.

La gente normal permite que las cosas buenas se conviertan en enemigas de las cosas mejores.

Hay demasiadas cosas buenas (o aceptables) que muy pronto terminan abrumándonos, reemplazando a las cosas más importantes. Muchas veces el deseo de encajar, de pertenecer, de ser parte y que se nos vea como normales, eclipsa el deseo de seguir a Dios y hacer lo que es mejor. Elegimos entonces los parámetros populares en lugar de los hábitos que llevan a la vida de pureza.

Pablo, en su Carta a los Romanos, nos dice exactamente cómo podemos contrarrestar esto: «No se amolden al mundo actual, sino sean transformados mediante la renovación de su mente» (Romanos 12:2). ¿Qué nos hace pensar que la opinión pública sabe qué será lo mejor? ¿Qué le otorga a la mayoría esa autoridad para determinar qué es lo correcto?

Si seguimos a Cristo, se supone que no seremos como todo el mundo. Precisamente, santificarse es imitar a Jesús, en lugar de ser lo que somos cuando quedamos librados a nuestros propios deseos y recursos. Así que, ¿cómo podemos discernir entre una buena decisión y la mejor?

Pablo nos da la respuesta en la segunda parte de este versículo: «No se amolden al mundo actual, sino sean transformados mediante la renovación de su mente. *Así podrán comprobar cuál es la voluntad de Dios, buena, agradable y perfecta*» (énfasis mío).

LISTA DE «LO QUE NO HAY QUE HACER»

Imagina que te presentan a alguien y que después de la charla inicial de rigor, preguntas con toda educación: «¿A qué te dedicas?». La persona, que recién conoces, responde: «Bueno, no hago mucho en realidad. Suelo quedarme en casa, a esperar que vengan a verme mis amigos». ¿Qué pensarías? La mayoría solemos pensar mal de los que no producen resultados visibles ni muestran sus logros. ¿Y por qué? Porque por lo general, igualamos la mucha ocupación con la relevancia. No se trata solo de los logros terrenales, sino del valor espiritual también.

Una de las mentiras elementales que absorbimos en cuanto al valor de la mucha ocupación es que nos indica cuál es nuestro valor espiritual. Porque si trabajamos mucho y logramos seguir adelante y hacer tantas cosas buenas y valiosas como nos sea posible, entonces estaremos agradando a Dios. Y como él quiere que podamos con todo, seguramente querrá que sigamos trabajando hasta lograr que todo encaje en nuestras vidas. Parece bien, ¿verdad?

Pero no es así. La mayoría de las personas normales piensan que Dios nunca nos dará más cosas de las que podamos tratar. Pero el problema está en que Dios nunca afirmó eso. Lo que dijo fue que no permitiría que tuviéramos tentaciones sin que hubiera una salida (1 Corintios 10:13), pero jamás dijo que no nos daría más de lo que pudiéramos manejar. ¿Estás listo para verlo como lo ven los anormales?

Dios muchas veces te dará más de lo que puedas manejar para que aprendas a depender de él más que de ti mismo.

Si pudieras con todo, no necesitarías a Dios. Moisés tuvo que aprender eso a las malas. Como muchos de los que hoy son normales, estaba abrumado por las muchísimas responsabilidades que tenía. Como líder de millones de personas, pasaba el día entero resolviendo cientos de problemas. Finalmente, quedó tan abrumado y exhausto que clamó a Dios, pidiéndole que le quitara la vida. En Números 11:16-17, Dios le dijo a Moisés: «Tráeme a setenta ancianos de Israel […] y compartiré con ellos el Espíritu que está sobre ti, para *que te ayuden a llevar la carga que te significa este pueblo. Así no tendrás que llevarla tú solo»* (énfasis mío).

Si tienes más de lo que puedes manejar, Dios quiere que te apoyes en él, para así aligerar tu carga.

No tienes que poder con todo. Dios no espera que lo hagas todo a solas. Con más razón, entonces, permítele que guíe tus decisiones en cuanto a tus actividades, horarios y compromisos. Tenemos

Solo porque podamos hacer algo, no implica que tengamos que hacerlo.

que discernir qué es lo que Dios nos llama a lograr, en lugar de ir agregando más y más cosas cada vez que se nos presentan.

Cuando vas a un restaurante en el que puedes comer todo lo que quieras por un precio fijo, sientes la tentación de llenar tres platos porque todo se ve riquísimo; por eso pagas un monto que te permite comer todo lo que puedas. Hay pollo frito, filetes, puré de papas, ensalada de frutas, gelatina verde, panecillos calientes (con mantequilla), pastel de chocolate, postre de frutillas. Pero si te comes todo eso, ¡tendrán que llevarte en una ambulancia!

Por tanto, tendrás que elegir, saborear lo que comes y mantenerte saludable. De la misma manera, cada día puedes ser tentado a morder mucho más de lo que puedes masticar. Tenemos que recordar que el solo hecho de que podamos hacer algo no implica que tengamos que hacerlo.

Piensa en esto de otro modo. Si tienes más o menos mi edad, tal vez recuerdes esa vieja canción «Conjunction junction», de *Schoolhouse Rock*. Esa que decía: «Conjunction Junction, what is your function?» [Conjunciones —y, o—, ¿cuál es tu función?] (Ah, la cultura pop. Si no tienes idea de lo que digo, tómate un momento y dale gracias a Dios por ello). Una de las cosas más importantes que podemos hacer en la vida es combatir la ocupación excesiva, lo cual se hace al cambiar la conjunción.

En vez de decir «y», tenemos que aprender a decir «o».

En lugar de pollo frito *y* filete, podemos comer pollo frito *o* filete. En vez de practicar fútbol *y* las lecciones de guitarra, tú y tu hijo podrán elegir entre el fútbol *o* la guitarra. En lugar de trabajar hasta tarde *y* llevarme trabajo a casa, puedo elegir entre una cosa *o* la otra.

Por ejemplo, en este momento, además de ser líder en la iglesia, de escribir este libro y de ministrar a pastores, también me gustaría iniciar un ministerio en los barrios pobres de la ciudad, *y* jugar al fútbol en la liga, *y* ser entrenador del equipo de mi hijo, *y* ayudar en la junta directiva del refugio para los indigentes, *y* que todavía me quede tiempo para estar con mis hijos. Todas esas cosas son buenas y totalmente normales. Pero si quiero quedarme en el camino

Si bien la gente normal sigue añadiendo actividades a su lista de cosas por hacer, tal vez será mejor que hicieras lo anormal y distinto: que tu lista sea de «cosas que no harás».

angosto, voy a tener que enfocar mi atención con mayor discernimiento. Lo cual significa que tengo que recordar que además de mis deberes normales, podría iniciar un ministerio en los barrios pobres, *o* jugar al fútbol, *o* ser entrenador del equipo de mis hijos, *o* ayudar en la junta directiva, *o* pasar tiempo con mis hijos. Si uso esa conjunción, «o», impido que mi bote se llene con tantas cosas buenas que finalmente lo hundan.

Si bien la gente normal sigue añadiendo actividades a su lista de cosas por hacer, tal vez será mejor que hicieras lo anormal y distinto: que tu lista sea de «cosas que no harás». Solo este año dejé de hacer siete cosas que hago normalmente, a fin de tener espacio para aquellas cosas importantes que no hacía porque creía que no tenía tiempo. Me gustaría desafiarte a que dejes de leer ahora y comiences con tu lista de cosas que no harás. Tal vez tengas que hacer lo anormal, lo distinto, y anotar al menos tres cosas que dejarás de hacer. Anota la primera, y luego sigue...

EL TIEMPO SEGÚN LOS ANORMALES

¿Por qué somos tantos los que vivimos a punto de estallar? ¿Por qué planeamos que bajaremos el ritmo, pero nunca lo logramos? ¿Por qué estamos siempre tan ocupados que nos quejamos de ello y sentimos que se erosiona nuestra calidad de vida?

Por tus muchas actividades, ocupaciones y competencias, además de los trofeos, medallas, zapatillas gastadas y discos duros llenos de fotos, ¿obtienes algo más? ¿Cuántos atletas internacionales se retiran con cientos de trofeos, pero sin familia? ¿Cuántos empresarios tienen cuentas bancarias fabulosas, pero no saben siquiera qué calificaciones tienen sus hijos en la escuela? O, como lo dijo Jesús con tanta claridad, ¿cuántos son los que ganan el mundo entero, pero pierden sus almas (Lucas 9:25)?

Si siempre sientes el peso, la carga de tus muchas obligaciones, tareas, responsabilidades y compromisos, es hora de cambiar. Es hora de crear un margen en el que no solo puedas enfocarte en tus verdaderas prioridades, sino también sencillamente respirar y empezar a disfrutar otra vez de la vida. Si la falta de tiempo te está matando, mejor será que sigas leyendo.

Los dos capítulos siguientes analizan las mejores formas que conozco para desconectarnos de esa máquina loca que continuamente nos persigue. Ante todo, veremos lo que es el poder de la presencia. Esto parece mucho más *genial*, a la moda, de la *nueva era* y budista (Zen) de lo que me gustaría, pero verás, estoy hablando sencillamente de lo esencial que es estar consciente de que Dios está presente en cada momento de nuestras vidas.

Lo segundo es algo que tal vez sepas, pero no practicas: tomarte un tiempo sabático. Y fíjate que dije «tomarte» y no «observar». Porque el saber cómo descansar, cómo desconectarnos, cómo bajar las revoluciones, es también una disciplina espiritual, como lo es la oración o el ayuno. Por anormal y loco que luzca, Dios *ordena* que descansemos. No es la alternativa a seguir a un ritmo loco, intensamente, a toda velocidad, como vivimos la mayoría.

Las muchas ocupaciones seguirán siendo la norma para muchísimas personas, durante muchísimos años más. Pero estamos llamados a hacer algo diferente, a un parámetro distinto, a priorizar nuestro tiempo, algo que para los demás parecerá anormal y distinto. Cuando seguimos a Jesús, nos ocupamos de lo que se ocupa nuestro Padre, y no de lo que se ocupa el mundo.

Mira tu reloj. Llegó la hora de ser anormales.

Capítulo 2

NO HAY MOMENTO COMO EL PRESENTE

Tienes que vivir en el presente, lanzándote en cada ola, y
encontrar tu eternidad en cada momento.

—HENRY DAVID THOREAU

E stábamos en un restaurante cuando noté que había una familia de cuatro personas cerca de nuestra mesa. Lo primero que pensé fue: «¡Qué lindo! Es bueno ver a una familia disfrutando y compartiendo de una salida». Cuando volví a mirarlos, vi que todos tenían las cabezas inclinadas y supuse que estaban dando gracias antes de comer. Pero, como seguían mirando hacia abajo, me percaté de que ¡todos estaban enviando y recibiendo mensajes de texto! Ni se daban cuenta de que estaban juntos, cada uno concentraba su atención en cosas y conexiones con otras personas que ni siquiera estaban allí Es probable que también hayas visto algo parecido, ¡o que esto sea lo que pasa con tu familia!

No son solo los mensajes de texto o los jueguitos electrónicos los que desvían nuestra atención. Según Nielsen, la persona promedio pasa veintiocho horas a la semana frente a la televisión. Y esto, además de las dieciséis horas a la semana que, como promedio, pasamos frente a las computadoras.[1] No es extraño entonces que los traumatólogos atiendan a más de veintidós millones de personas al año por problemas del dedo pulgar, causados por el hábito de enviar y recibir mensajes de texto. Bueno, sí, esto último acabo de inventarlo. Pero estoy convencido de que cuando Dios nos dio pulgares prensiles, pensó en mucho más que en pedir aventones y mandar mensajes de texto.

No es solo la mucha ocupación lo que nos atasca e impide que disfrutemos la plenitud de la vida como Dios quiere. Creo que es una situación como la del huevo y la gallina (¿qué fue primero?), pero me parece que la consecuencia de la ocupación excesiva nos destruye más que la tensión que nos causa precisamente el tener tanto que hacer. Mientras seguimos tan ocupados, nuestras mentes y corazones están en otra parte: en el trabajo, en casa, en el hospital, en la iglesia, en todas partes. Sencillamente, no estamos presentes. Tenemos la mente tan atiborrada de interminables listas, que no hay lugar para que disfrutemos del gozo y la alegría de estar vivos hoy.

PRESENTE, AQUÍ

Ahora mismo, mientras lees esto, ¿cuántos pensamientos más andan flotando en tu cabeza? Lo normal es que tengamos muchísimas cosas dando vueltas en la cabeza, muchísimas cosas que tenemos que recordar y hacer. Tienes mucho que hacer en el trabajo. Tienes esa presentación importante el miércoles, ¡y no empezaste a prepararla siquiera! ¿Cómo vas a poder hacerlo todo? Tus hijos tienen tarea (y eso incluye el proyecto de

Cuando estás con la gente que amas, lo más probable es que tu mente no esté allí contigo.

ciencias que han estado postergando porque no los llevaste a la tienda Target a comprar las cosas para la maqueta), además tienen que ir a la práctica de fútbol. Ah, sí, y también está esa reunión de jóvenes mañana por la noche. Y hay que cambiarle el aceite al auto. Y cortar el césped, además de que te tienes que cortar el cabello y comprar el regalo de bodas para tus amigos. Eso te recuerda que la ropa que te vas a poner el día de la boda tiene ser llevada ir a la tintorería.

Cuando estás con la gente que amas, lo más probable es que tu mente no esté allí contigo.

En nuestro pequeño círculo de amigos, pregunté si esto era un problema durante una de nuestras reuniones. Todos los que estaban allí reconocieron que tenían dificultades con ello. Las esposas en particular dijeron que cuando sus esposos están en casa, parece que tuvieran la cabeza en otra parte.

Dondequiera que estés, mejor será que estés presente del todo.

Y me declaro culpable, como cualquiera. Durante años, esa fue la situación normal en casa. Amy me hablaba de lo que fuera y como yo tenía la cabeza en otra parte, solía cada tanto pronunciar un «ajá» o «ah». Después de un rato, ella me preguntaba de repente: «¿Me estás escuchando?». Por mi instinto de supervivencia, enseguida (y por milagro) le repetía las últimas palabras para demostrarle que sí estaba escuchando, aunque los dos sabíamos que en realidad no le estaba prestando toda mi atención.

Mi problema en cuanto a no estar presente del todo no se limita a mis pensamientos privados. También puedo estar en el cine, en una cita, en un recital o pasando el día en el parque con mi familia, mientras sigo trabajando con mi iPhone. Incluso aunque esté físicamente presente, no lo estoy mental ni emocionalmente. Después de años de distracciones tan normales, Amy me pidió que hiciera algo que pareció despertarme de una larga siesta emocional. Con espíritu muy comprensivo, me dijo: «Sé que tienes muchísimo que hacer en la iglesia. Siempre te apoyaré. Pero cuando estás con la familia, ¿podrías estar aquí, presente del todo?». Su pedido era simple, más que razonable.

Dondequiera que estés, mejor será que estés presente del todo.

Jamás trataré de fingir que he perfeccionado el arte de estar presente. Lejos estoy de eso. Pero he mejorado y drásticamente. La gente normal vive distraída, casi nunca presente del todo. Los anormales silencian toda distracción y permanecen presentes del todo en el momento. Es una práctica inusual que puede mejorar tu calidad de vida de manera radical, haciendo también que tus relaciones sean más profundas.

25 HORAS, LOS 8 DÍAS DE LA SEMANA

Como vimos en el último capítulo, la respuesta no es tener más tiempo. Porque aunque las demasiadas ocupaciones y actividades suelen ser la norma para la mayoría de las personas del mundo occidental, la solución nunca será esa. Lo sabemos, pero igualmente olvidamos esa verdad tan esencial. A veces me dicen (y yo admito que también lo digo): «Ojalá el día tuviese más horas. ¡Cómo me gustaría tener más tiempo!». ¿ Y para qué querríamos más tiempo? ¿Qué haríamos entonces? Queremos más tiempo para hacer esas cosas importantes que no llegamos a hacer. La lista podría incluir tiempo para descansar, tiempo para estar con Dios, tiempo para disfrutar de nuestras familias, de nuestros seres amados.

Pero seamos sinceros. ¿Qué pasaría si Dios dijera de repente: «Te doy una hora más por día. Ahora tienes días de veinticinco horas? O mejor aún, ¿qué pasaría si Dios decidiera darnos un día más a la semana, un octavo día, un total de tres horas más por día? ¿Cómo pasarías ese tiempo? ¿Lo usarías para una siesta o para ponerte al día con ese largo informe de gastos de la oficina? ¿O para conversar con tu esposo o esposa? ¿O para cambiarle el aceite al auto (hace miles de kilómetros que había que hacerlo)? ¿O para orar más, para reflexionar con Dios, o para buscar en la Internet si hay ofertas en los vuelos para el Día de Acción de Gracias?

Sospecho que la mayoría usaríamos ese nuevo tiempo, de veinticinco horas, ocho días a la semana, para ponernos al día con otras cosas, o hacer más, o buscar a los viejos compañeros de colegio en Facebook. ¿De veras pasarías una hora entera conversando con tu abuela o con tu hijo adolescente? A pesar de las buenas intenciones yo, como muchos otros, intentaría ponerme al día en cuanto a todas esas cosas de mi vida que parecen desbordarse.

La respuesta no es tener más tiempo, sino estar más conscientes del que tenemos.

Es como el auto con ruedas que no están alineadas. Siempre tira hacia un costado, y si no estás constantemente haciendo fuerza para que ande recto, ese tironcito te saca de la ruta. Esa constante batalla por mantener el auto en el carril se vuelve agotadora. A nadie le gusta tener que ir lejos con el auto cuando las ruedas están desalineadas.

> **La respuesta no es tener más tiempo, sino estar más conscientes del que tenemos.**

La cultura en que vivimos nos hala todo el tiempo, sacándonos del centro: más rápido, trabaja más, vive ocupándote de cosas. Si no luchamos contra eso, no solo terminaremos en el zanjón. Estaremos de regreso en la ancha autopista, junto a todos los demás.

TIEMPO

¿Te imaginas la vida con tiempo para lo importante y no para lo urgente? Cuando uno de tus hijos te habla, ¿le dedicas toda tu atención? ¿O también estás pensando en lo que hay que comprar para la cena, o en el plazo de la entrega de ese trabajo de mañana? Cuando alguien te interrumpe en el pasillo de la oficina, ¿te alegra ponerte a hablar con la persona? ¿O te molesta? (Tal vez dependa de quién sea esa persona).

¿Tienes tiempo para descansar? Digo, para descansar *de verdad*, con una noche de buen sueño sin interrupciones, una mañana tranquila con una taza de café mientras ves cómo llueve afuera, una caminata por la playa, mientras las olas borran tus huellas. ¿Cuándo fue la última vez que realmente te relajaste? ¿Te sientas alguna vez a reflexionar en tu vida, sin mirar el reloj, sin poner la alarma de tu iPhone, sin que te distraiga la ropa lavada que tienes que doblar y guardar?

Cuando estás con tus seres queridos, ¿te conectas a nivel íntimo y disfrutan el estar juntos? ¿O solo intercambian información esencial («¡Pensé que te habías encargado de pagar American Express!», «¿Pasaste por la tintorería?», «¿A qué hora es la práctica?»), que suele llevar a momentos de tensión o directamente a una pelea? ¿Tienes tiempo de calidad para pasar con el Creador de este universo, el que te hizo, para que todas las otras cosas vayan cayendo en su lugar? ¿O estás en tu «normalidad» y casi siempre te falta tiempo para lo más importante?

¿Cuándo tienes tiempo para estar en el presente?

Si te perturban tus respuestas, y sientes que siempre te ausentas del presente, piensa en esta amonestación: «Así que tengan cuidado de su manera de vivir. No vivan como necios *sino como sabios*, aprovechando al máximo cada momento oportuno, porque los días son malos. Por tanto, no sean insensatos, sino entiendan cuál es la voluntad del Señor» (Efesios 5:15-17, énfasis mío).

Como sabios, no como necios.

Siendo anormales, no normales.

No permitas que la cultura que te rodea te impida vivir en el presente, en un pleno compromiso con los que te rodean, con los talentos, dones y desafíos que te hacen volverte hacia Dios. No dejes que el ritmo alocado y caótico de lo normal te lleve en la dirección equivocada. Tendrás que pelear contra la corriente, contra las expectativas ajenas, contra lo urgente pero poco importante, contra el falso sentido de tu propio ser, para que no vuelva a arrastrarte la vida normal. Sé diferente. Ten cuidado en cuanto a cómo vives, a cómo planificas, a qué cosas les dices que sí y a cuáles que no.

Nota la relación entre las decisiones que tomamos —sabias o necias— y el hecho de entender la voluntad del Señor. Para Dios es importantísimo que pensemos en nuestra forma de vivir, en cómo usamos el tiempo presente que nos regala cada día.

¿Cómo saber de qué modo emplear el tiempo? En su libro, *La mejor de las preguntas*, Andy Stanley ofrece una simple interrogante que puedes formular para ayudarte a tomar la mejor decisión en casi cualquier situación. Digamos que te pregunto: «Oye, ¿quieres venir a cenar con tu esposa el viernes por la noche? Iremos a un lindo restaurante». Si nos conocemos, probablemente te fijes en tu agenda o le preguntes a tu esposa si tienen esa noche disponible.

Aunque no hay nada malo con esa pregunta, no es la mejor. La mejor pregunta será: «¿Es eso sabio?». Stanley explica que tienes que saber qué es lo que más importa, lo cual determinará tus decisiones sabias, incluso las «normales» en cuanto a si vas o no a cenar con el pastor y su esposa este viernes por la noche. A la luz de todo lo que sabes ahora, de todos tus objetivos, tus sueños, de dónde estás en la vida, de tu experiencia particular, ¿es esa la decisión más sabia? Piensa en la invitación. Si te detienes por un momento a considerar más que solo tu disponibilidad, entonces entrarán en juego muchas otras variables:

- Has estado tratando de salir de las deudas y por eso recortaste gastos no esenciales como la televisión por cable, la compra de dispositivos electrónicos, y las salidas a restaurantes. Consciente de que quizás te ofrecerás a pagar (o al menos a encargarte de la propina) decides que no sería sabia la decisión de ir.
- Has estado trabajando en tu relación matrimonial. Tu esposa te ha dicho que quiere un compromiso serio en

cuanto a salir juntos, solos, al menos una noche a la semana. Mandas a los chicos a casa de sus amigos, o le pides a un pariente que los cuide en casa. Pero como el viernes es esa noche acordada, ¿valdrá la pena sacrificarla solo para oír a Groeschel que habla y habla de su serie de sermones sobre Levítico?

- Uno de los dos, o ambos, intentan perder peso y han empezado a hacer ejercicio y a comer con más cuidado. ¿Qué posibilidades hay de que dejaras pasar esa torta de frutillas si van a un restaurante?

Ante todas esas cosas, y después de hablarlo con tu esposa, es probable que tengas que responder: «Quizá en otra oportunidad». (Si es así, ten valentía y dime que no. Me recuperaré. Te lo prometo). Tienes que decidir qué cosas son importantes para ti y pueden ayudarte a tomar decisiones. Empieza a preguntarte: «¿Es sabio hacer esto?», con un par de criterios como prólogo a cada situación:

«A la luz de nuestras esperanzas y sueños para el futuro…»
«Ante la situación actual de nuestra familia…»
«Debido a que sabemos que nuestro matrimonio no está donde Dios quiere que esté…»
«Como estoy pensando en seguir con mis estudios…»
«Tenemos dos pequeños que usan pañales todavía, así que…»
«Nuestro hijo de diecisiete años solo estará en casa un año más, así que…»

Haz tu propia lista. ¿Qué cosas son las que más te importan en este momento?

En Santiago, se nos recuerda que nuestro tiempo en esta vida es breve y dulce: «¿Qué es su vida? Ustedes son como la niebla, que aparece por un momento y luego se desvanece?» (4:14). Cada día es un regalo de Dios, así que siempre tenemos que preguntarnos si es sabio invertir nuestro tiempo en la exigencia que acaba de surgir. Tendrás docenas de oportunidades y sus consecuentes decisiones todos los días. Solo porque se presentan, no tienes que aceptarlas todas. Eso no es sensato ni tampoco sabio. A menudo, en lugar de preguntarnos: «¿Está bien o mal?» o «¿Lo disfrutaré o no?», mejor será plantearnos: «¿Es sabio a la luz de mi deseo de permanecer presente en lo que más me importa y lo que más le interesa a Dios?».

¿Cómo mantenerse con los pies en el presente para organizar los tiempos de manera sabia? Hay que tener valentía para decir que no. Empezar a decir que no a las cosas buenas para poder decir que sí a las mejores. Si no, no pasará mucho tiempo antes de que las cosas buenas se conviertan en enemigas de las mejores. Dios nos llama a pensar en el tiempo de manera diferente a la de la mayoría de las personas. Podemos mantenernos comprometidos con el hoy, sabiendo qué es lo más importante, o podemos perder el momento como agua que se nos desliza entre los dedos. No pienses como todo el mundo. No hay que temer ser anormales para poder ser sabios.

CÓMO HACER TIEMPO

Todo el tiempo me dicen: «Craig, ¡tu familia sí que es anormal!». Acepto el elogio. En serio. Me reconforta mucho. Cuando nuestra familia está más cerca de Dios, tanto más nos apartamos de la cultura que nos rodea. Cuando me concentro en lo que es importante para Dios, vivo de manera distinta. Invierto mi tiempo de forma diferente. Nos encanta ser anormales. Porque ser normales no da resultado.

Ahora, ser anormales no es fácil. Así como esa noche en el restaurante, cuando vi que la familia que inclinaba la cabeza no estaba orando, hace poco me pregunté por qué todo en casa estaba tan tranquilo (con seis chicos, por lo general el silencio es señal de que algo anda muy mal). Entonces me di cuenta: cada uno de nosotros estaba sumergido en la tecnología. Uno con Facebook, el otro con su blog, la otra con Twitter, el otro jugando a Club Penguin y Webkinz, dos más jugaban con el Wii (al menos lo hacían de a dos), otra escuchaba música con su iPod y uno más miraba televisión (sí, mi familia en realidad es como una pequeña aldea).

Ese fue el día en que decidimos ser anormales. Juntos, Amy y yo tomamos una decisión que en casa produjo bastante controversia. Limitamos el uso de la tecnología a solo tres días a la semana. Eso significa que cuatro días a la semana no hay televisión, no hay iPod, ni Facebook, ni animales digitales que tengas que alimentar (aunque se mueran de hambre).

Cuando les presentamos el plan a los chicos, nuestro hijo menor —Bookie— los convocó a todos a una conferencia de emergencia. Los chicos se encerraron durante más de una hora en uno de los dormitorios. Como el líder de un pelotón que planifica el ataque contra el enemigo, Bookie diseñó un plan detallado: la rebelión que garantizaría el derrocamiento de nuestro malévolo régimen.

Aunque Amy y yo aprendimos a dormir con un ojo abierto, nos mantuvimos al pie del cañón y fue cuando comenzaron a suceder cosas asombrosas. A medida que cada uno se iba desintoxicando de sus adicciones digitales, de repente redescubrimos los juegos de mesa: el Monopolio, el Ludo y hasta las damas. Jugamos a la adivinanza, contamos historias y (¡ah!) leímos libros. Jugué más partidas de naipes de lo que podría decir con mi nena de seis años... ¡y me las ganó todas! Ahora luchamos de verdad, y eso no se compara con nada de lo que tenga que ofrecer el Wii, porque somos todos contra todos, hasta que los seis chicos terminan rodando por el suelo hasta llegar al jardín. Tenemos personajes favoritos (David Copperfield, Ana de las tejas verdes, Capitán Calzones) y los momentos memorables se convierten en la medida de las cosas más divertidas que nos hayan sucedido. Nos reímos muchísimo. Y nos escuchamos unos a otros.

Lo que tenemos ahora es real. Auténtico. Un tiempo realmente en intimidad, como nunca antes habíamos pasado todos juntos y en familia. Y lo que hizo que fuese posible fue que estuvimos dispuestos a decir que no a las cosas que todo el mundo acepta diciendo que sí. No somos perfectos ni nada de eso. Pero estamos dispuestos a ser distintos. Somos anormales… y dichosamente felices cuando estamos juntos.

Si el estadounidense promedio ve veintiocho horas de televisión a la semana, cuando llega a los setenta y cinco años, ha pasado más de *diez años* mirando la caja boba. ¿Es así como quieres pasar tu tiempo? Casi nunca decidimos conectarnos a la Internet, a Facebook, ni encender la televisión para pasar de un canal a otro o jugar un nivel más de SuperMario de una manera deliberada. Es una decisión en piloto automático, no anticipada. Si queremos mantenernos presentes del todo en el momento actual, tenemos que vivir tomando decisiones deliberadamente.

LAS CANICAS

Leí algo acerca de un padre que se percató de que estaba tan ocupado que se perdía todo lo que pasaba en la vida de sus hijos. Jamás había tomado la decisión consciente de dar por sentado la existencia de los chicos, ni había decidido a propósito que no pasaría tiempo con ellos. Sin embargo, notó que el tiempo que podía pasar con ellos se derretía más rápido que un helado a pleno sol. Por tanto, decidió que tenía que encontrar el modo de disminuir las revoluciones para saborear el presente. Así que, cuando su hija mayor estaba en el segundo año de la secundaria, hizo algo que transformó la vida de la familia: este padre sabio compró una bolsa llena de canicas.

Al llegar a casa, contó con cuidado ciento cuarenta y tres canicas y las puso en un recipiente grande. Según sus cálculos, tenía ciento cuarenta y tres sábados más antes de que su hija mayor terminara la secundaria y se fuera de casa. Así que puso las ciento cuarenta y tres canicas en el recipiente y cada sábado sacaba una. Esa imagen le recordaba lo importante que es invertir el tiempo cuando más importa. Inevitablemente, tendría cada vez menos canicas. Pero al menos podía decidir hacia dónde iban.

Me resultó interesante porque mi hija mayor es apenas un poco más grande que la hija de ese hombre. Tengo poco más de cien sábados antes de que termine la secundaria y se vaya de casa. Y mientras escribo esto (y no ayuda el hecho de que hoy sea sábado por la mañana), siento la tentación de dejarlo todo y buscar un lugar solo para pasar tiempo con ella. Tal vez sea algo así como negociar, pero como sé que pasaré la tarde con ella, sigo trabajando.

A pesar de que nos esforcemos todo lo posible, a todos se nos van yendo las canicas. Solo es cuestión de pensar cómo disfrutamos cada una antes de que se nos acaben. Dios nos da un asombroso y maravilloso regalo cada día. La gente normal lo deja allí, envuelto, no lo aprecia, no lo ve. Y el regalo se va sin que se den cuenta.

La gente anormal sabe que no hay momento que se compare con el presente.

Capítulo 3

EL RESTO
DEPENDE DE TI

*La línea divisoria entre tu tiempo laboral y el de ocio se
va borrando ante tus ojos [...] y crea un fenómeno que
podríamos llamar «tiempo de trabocio».*

—DALTON CONLEY

Hace poco sufrí una recaída en mi lucha de catorce años
contra una importante adicción. No, mi recaída no
me costó ni el pastorado ni el abandono de mi familia, al menos no todavía. Y probablemente, no sea lo que piensas. No
soy adicto a las drogas ni al alcohol, o la pornografía o las apuestas, pero mi adversario en esta lucha puede ser igual de destructivo.
Sinceramente, podría serlo más todavía. porque casi nunca hay intervención disponible.

Soy adicto a la adrenalina.

Te preguntarás cómo sé que soy adicto a esa droga natural.
Sencillo: Gasté noventa dólares en dos sesiones de una hora con un
profesional calificado que me diagnosticó. Y ni siquiera quería estar

allí. Después de todo, no pensaba que tenía un problema. Pero los líderes de la iglesia donde yo fungía en ese momento pensaron que estaba peligrosamente cerca del agotamiento por adicción al trabajo. Y para que se quedaran tranquilos, fui a ver a ese terapeuta.

Al término de mi segunda sesión el consejero me mandó una tarea:

—Esta semana —dijo mirándome por sobre su anotador—, quiero que permanezcas sentado y quieto durante cinco minutos.

No voy a mentirte: Miré al tipo fijo durante un rato y pensé: «¡Debe estar bromeando! Jamás desperdicié noventa dólares en algo tan tonto».

—Cinco minutos de improductividad —repitió—. No puedes orar. No puedes planificar. No puedes resolver problemas. No hagas N-A-D-A.

—Es fácil —repliqué enseguida—. No hay problema.

Pero por dentro, en mi corazón amante de la productividad, sabía que sería un problema. ¿Para qué quedarme sentado malgastando mi tiempo? Digo, ¿qué podría lograr con quedarme mirando por la ventana durante cinco minutos? Sin embargo, como soy un tipo que cumple —bueno, y soy competitivo también— decidí que pondría esa tarea en mi lista de cosas por hacer, como hago con todo lo demás. Cinco minutos de no hacer nada. Lo cumpliría.

Me llevó exactamente veintiocho segundos empezar a sentir síntomas de abstinencia. En mi mente empezaron a revolotear listas y listas de cosas que podía estar haciendo. De todo lo que había que hacer. De todo lo que podría estar tachando de la lista durante este tonto ejercicio de cinco minutos.

Sí, estoy exagerando, pero no demasiado. La realidad es que no pude hacerlo. No pude quedarme sentado y quieto durante cinco minutos, sin hacer nada.

En serio, *no pude* permanecer sin hacer nada durante cinco minutos.

(Si estás sonriendo, pensando: «*No era tan complicado*»; te desafío a que lo intentes. Es más difícil de lo que crees).

Así que hice lo que haría cualquier cabecidura un tanto rebelde y adicto al trabajo… mandé al ejercicio a donde te imaginas y volví a la computadora, a responder los correos que habían entrado durante ese minuto y treinta y ocho segundos que había desperdiciado en tal estupidez, y me dije que en realidad no tenía ningún problema. Con renovado vigor, volví a mi vida normal de producir y producir, y todo el tiempo dejaba de lado a las personas y las prioridades verdaderas que había en mi vida.

Yo no tengo un problema. ¿Y tú?

ADICCIONES SALUDABLES

Por supuesto, borré de mi mente esa prueba de cinco minutos de inactividad que me había dado el consejero.

Una semana después, estaba de nuevo sentado delante del tipo, imaginando que por cada minuto que pasaba le estaba pagando un dólar y medio —y así era en verdad—, idea que hizo que me dieran ganas de ensuciarle la costosa alfombra con lo que había almorzado hacía un rato.

Tememos que si no corremos sin parar y no probamos todo lo que este mundo nos ofrece, vamos a perdernos algo.

—Como eres pastor, ¿te consideras una persona de fe? —me preguntó con ese tono condescendiente de los terapeutas.

—Por supuesto —respondí con mi pedante tono de pastor.

—Estoy seguro de que es así —dijo mi nuevo y carísimo amigo—. Pero, cuando se trata de tu itinerario, supongo que en realidad no tienes mucha fe.

¿Pero de qué habla este hombre?

Mientras el profesional seguía hablando, ahora en un tono mucho más calmo y compasivo, lo que decía comenzó a tener lógica.

—La razón principal por la que tanta gente se rinde al ritmo normal que le abruma, que le pesa y le resulta insostenible —dijo lentamente para lograr un efecto más impactante—, es que no tiene fe. Sinceramente, no creemos que Dios esté en su trono, que pueda ocuparse de los detalles de nuestras vidas, que quiera lo que es verdaderamente mejor para nosotros, ni que su forma de hacernos vivir sea la mejor.

> **Me había vuelto tan ocupado que mis ocupaciones eran el ídolo que me daba la sensación de la importancia, de que era alguien que merecía algo más.**

¡Qué extraña manera de ver las cosas…! Pero, ¿será cierto lo que dice?

—Tememos que si no corremos sin parar y no probamos todo lo que este mundo nos ofrece, vamos a perdenos algo. Tenemos miedo de perdernos esa única cosa que resultaría ser la elusiva pieza de nuestro rompecabezas que finalmente llenaría el hueco, el vacío que sentimos muy dentro. Pero no hay nada que pueda llenarlo. Porque no hay tal cosa como la sana adicción.

Tenía que admitirlo: el tipo tenía razón. Era exactamente lo que yo había estado haciendo. Llenando mi vida con cosas, con más y más de todas esas cosas buenas (aunque no mejores) que vimos en el último capítulo. Me había vuelto tan ocupado que mis ocupaciones eran el ídolo que me daba la sensación de importancia, de que era alguien que merecía algo más. El hecho de que fuera adicto a la obra de Dios no quería decir que mi adicción fuera saludable. Tim Keller lo explica muy bien en su libro *Counterfeit gods* [Dioses falsos]: «La idolatría no es solo falta de obediencia a Dios. Es poner todo el corazón en otra cosa, además de Dios».[2]

Nos ocupamos tanto de «ser productivos» que terminamos viéndonos como todos los demás en este mundo. Nuestro sentido del valor, de la autoestima, termina desapareciendo en un ciclo tipo «más es mejor» que no sabemos romper.

«Una casa más grande hará más feliz a mi esposa y eso le hará bien al matrimonio».

«Un auto más grande mejorará la imagen que tengo de mí mismo».

«El ascenso mejorará mi estilo de vida».

«Tengo que ir a esa reunión, ya que irán muchas personas importantes».

«Quiero que mi cuerpo se vea tan perfecto como sea posible para que la gente me mire y me considere atractivo».

«Tengo que darles a mis hijos todo lo que nunca tuve y asegurarme de que nunca pierdan una oportunidad».

Enfermizo, destructivo, perjudicial… pero normal.

¿Piensas que a tu esposo o esposa le haría feliz que le prestaras atención en vez de que tus muchas ocupaciones te impidan conectarte de veras? ¿Qué pasaría si en lugar del auto nuevo y caro que te endeudó más haciendo que tengas que trabajar más para ganar más dinero tuvieras un auto confiable, que ya hayas pagado? ¿Qué beneficios obtendrías de eso? ¿Y si hicieras un trabajo que te encanta, que es importante, en el que pudieras usar tus dones, y a través de ese trabajo Dios cubriera tus necesidades económicas? ¿Y si pudieras tener relaciones profundas y lógicas con todas las personas allegadas a ti, gente con quien supieras que puedes contar siempre, y a la vez que también supiera que contará contigo en todo momento?

Estás tratando de remplazar a Dios con algo más, cuando él es el único que puede darte plenitud.

¿No es más importante tu espíritu que tu cuerpo?

¿Qué pasaría si en vez de tratar de impresionar a los demás en el gimnasio, velaras por tu salud *para poder cuidar a tu familia?* ¿Qué pasaría si tus hijos aprendieran lo que vale un dólar y sobre la satisfacción de trabajar por lo que quieren, en lugar de vivir con esa sensación tan normal del derecho que tienen a que se les den las cosas, como vemos que sucede hoy? ¿Qué tal si invirtieras la misma cantidad de tiempo y energía en cultivar la vida espiritual de tus hijos que dedicas a intentar que cumplan tus sueños de ser el mejor lanzador de las ligas mayores, por ejemplo?

Si sientes que tienes que producir más, más y más para llenar ese vacío interior, no te equivoques: eso es idolatría. Porque estás tratando de remplazar a Dios con algo más, cuando él es el único que puede darte plenitud. Esa búsqueda hueca y vacía es exactamente lo que yo estuve haciendo casi toda mi vida. Me preguntaba adónde se iba mi tiempo, en lugar de preguntarme hacia dónde iba yo en busca de Dios.

Lo que me mandó hacer el consejero —por anormal y loco que parezca— es exactamente lo que necesitamos hacer muchos para poder restaurarnos. Necesitamos reposo. Es anormal, pero a menudo el antídoto contra la idolatría es tomarse un tiempo sabático.

EL ENCUENTRO CON CRISTO

Si eres adicto a la mucha actividad y a la ocupación, a lo que te hace sentir la adrenalina cuando piensas que todo depende de que logres cumplir con la lista de cosas por hacer hoy, ha llegado el momento de que tengas un encuentro con Cristo, literalmente. El Señor dijo en Mateo 11:28-30: «Vengan a mí todos ustedes que están cansados y agobiados, y yo les daré descanso. Carguen con mi yugo y aprendan de mí, pues yo soy apacible y humilde de corazón, y encontrarán descanso para su alma. Porque mi yugo es suave y mi carga es liviana».

¿Cuándo fue la última vez que sentiste que tu descanso fue completo?

Medita en esto. Jesús no dice que desea que trabajes horas extra, que respondas a cada mensaje de correo electrónico antes de que pasen veinticuatro horas, ni que mantengas tu casa linda e impecable como la de Martha Stewart. Él dice que te dará *descanso para tu alma*. ¿Cuándo fue la última vez que sentiste que tu descanso fue completo?

Si te pareces a casi todos los demás, tal vez ni siquiera sepas qué se siente cuando uno descansa por completo. El descanso completo no significa que uno se vuelva un holgazán, improductivo. Mira a Jesús, por ejemplo. Estaba ocupado, aunque nunca apurado. Era productivo, pero nunca lo ves abrumado. Cumplió todo lo que Dios quería que hiciera, pero aun así tenía largas horas de comunión a solas con su Padre. El saber cuándo y cómo descansar es lo mismo que saber cuándo y cómo reconocer tus limitaciones y tu dependencia de Dios.

Muchos somos los que vivimos constantemente con una enfermedad del alma que empeora con cada día que pasa. Esta es la norma de hoy: cómo salir adelante, cómo saber que uno es alguien, cómo saber que hemos llegado, sintiéndonos agotados en todos los niveles, más tensos de lo imaginable. Las presiones en el trabajo se van sumando. Más las tareas del hogar, más los proyectos con los plazos vencidos y las actividades de los chicos, las compras de la casa, las cosas que hay que reparar y mantener. Los compromisos. El estrés.

Ahora, reflexiona en lo anormal que nos parece que alguien esté en calma, relajado, tranquilo y en paz. Casi siempre pensamos que esa persona debe estar medicada o necesita medicación. Es una idea extraña, me di cuenta de ello hace unos años cuando pasábamos las vacaciones familiares en las Montañas Rocosas. Mientras conducía desde Oklahoma a Colorado, avanzaba en mi habitual estilo «rápido que hay que llegar». Iba tomándome el tiempo en la autopista (¡no sé contra quién corría en esa carrera!), por lo que estratégicamente limité la cantidad que podrían beber los chicos cuando nos deteníamos para no tener que parar cada diez kilómetros porque querían ir al baño (con seis chicos, ¿no harías lo mismo?).

Al llegar a Colorado, sentí la presión de que había que tener un plan. ¿Qué íbamos a hacer? ¿Cómo podríamos ver todo lo que había que ver? ¿Qué día haríamos cada cosa? ¿Cuál sería el mejor plan para aprovechar todo al máximo? ¿Cómo saber si nos estábamos divirtiendo?

Al tercer día, decidí que iba a probar con el molesto ejercicio de mi terapeuta, ese en el que había fallado anteriormente. Sentado en el balcón del apartamento de nuestro amigo, me detuve a mirar con atención los picos montañosos contra el horizonte. La luz del sol se reflejaba en ellos, en color amarillo, pero también naranja y púrpura. Las flores silvestres, rojas y azules, cabeceaban con la brisa, y la hierba al pie de las montañas se veía espectacular. ¡Buen trabajo, Dios! Momentos más tarde sentí que me desconectaba. Sentí que mi alma se derretía. Mi mente se había calmado, como no recordaba haberlo hecho en muchísimo tiempo. Podía sentir que mi corazón latía más lento y que respiraba más profundamente.

Algo le sucedía a mi cuerpo. Parecía que se aguzaban mis sentidos. Podía sentir el aire fresco de la montaña y notaba el olor de los pinos distantes. Vi un águila que surcaba el cielo sin esfuerzo alguno. Hasta las nubes blancas parecían pintadas en el profundo cielo azul. Sin darme cuenta, había apagado mi reloj interior. Los cinco minutos se hicieron diez, y luego veinte. Mi cuerpo se relajaba a medida que me dejaba caer, bajando del pico de adrenalina sobre el que me había acostumbrado a vivir. Ese proceso me llevó el resto del día, sentí que iba desconectándome del estrés que me había tenido como rehén durante tanto tiempo.

Al día siguiente, el fresco aire de la mañana me hizo sentir más vivo que en los meses pasados. Los picos nevados contrastaban con el cielo interminable y todo aquello me parecía casi demasiado como para poder abarcarlo enseguida. En vez de sentir apuro, sentí paz. ¿Qué itinerarios teníamos que cumplir de todos modos? ¿No son para eso las vacaciones, para hacer lo que uno quiere y cuando se le dé la gana? En lugar de molestarme, el ruido de mis seis hijos me dio una profunda sensación de gozo. En vez de preocuparme por el trabajo, los horarios y los plazos, me sentí en paz con Dios. Él tenía el mando. El mundo no iba a derrumbarse porque yo apagara mi iPhone.

Así es como tiene que ser.

Por primera vez en no sé cuánto tiempo me sentí yo mismo. Plenamente vivo. Presente del todo, plenamente presente. Y plenamente consciente de la bondad de Dios.

UNA PARADA PARA DESCANSAR

Volvamos a las palabras de Jesús en Mateo 11:28-30: «Vengan a mí todos ustedes que están cansados y agobiados, y yo les daré descanso. Carguen con mi yugo y aprendan de mí, pues yo soy apacible y humilde de corazón, y encontrarán descanso para su alma. Porque mi yugo es suave y mi carga es liviana». Quizá vivas agobiado. Con dolor y pena. Quizá tengas que criar a tu hijo o hija solo y pienses que ya no soportarás un día más. O tal vez tu negocio ha quebrado y ahora no tienes dinero. Jesús te llama para que vayas a él. ¿Desearías un descanso para tu alma? ¿Y si el reposo no es un lujo, sino una necesidad?

¿Desearías un descanso para tu alma? ¿Y si el reposo no es un lujo, sino una necesidad?

Como ya vimos, cuando uno está realmente ocupado, no hay tiempo que alcance como para poder cumplir con todo. Por cierto, ¿uno no pue-de tomarse un día para descansar? No es inusual que la gente trabaje seis o hasta siete días a la semana, incluso si su empleo es solo de cinco días, muchos tienen otro trabajo de medio tiempo, solo para que les alcance el dinero. Y si no es así, esos «días libres» son para ponerse al día con las tareas de la casa, con el correo electrónico, con diligencias o cosas que hay que hacer.

Trabajamos más y más, para acumular más cosas. Y cuidar esas cosas consume gran parte de nuestro tiempo. Enseguida notas que no hay tiempo siquiera para no hacer nada, relajarse, descansar y estar plenamente presente. No hace muchos años casi todos los negocios cerraban los sábados, no había ninguno que abriera los domingos. Ahora, casi todos no solo abren los siete días de la semana, sino que también los hay que atienden las veinticuatro horas.

Dios trabajó durante seis días, como ya sabrás, y el séptimo descansó. Desde el principio, cuando lo primero era lo primero, el Dios del universo —ocupado con la creación de la tierra, el cielo, los animales, las plantas, los peces, el hombre y la mujer y todo lo demás— estableció un asombroso precedente al apartar tiempo para el descanso. Fue tan buena la idea que dio como resultado uno de los Diez Mandamientos: «Trabaja seis días, y haz en ellos todo lo que tengas que hacer, pero el día séptimo será un día de reposo para honrar al Señor tu Dios. No hagas en ese día ningún trabajo» (Éxodo 20:9-10).

En Levítico 25:2-4, Dios le dijo a Moisés: «La tierra misma deberá observar un año de reposo en honor al Señor. Durante seis años sembrarás tus campos, podarás tus viñas y cosecharás sus productos; pero llegado el séptimo año la tierra gozará de un año de reposo en honor al Señor». Le dijo a Moisés que ese año no se podía sembrar: «La tierra gozará de un año completo de reposo» (v. 5).

¿Alguna vez supiste de una compañía que cerrara durante un año cada seis de actividad? ¡Claro que no! ¡Es una locura! ¡Tenemos que ganar dinero! ¡Tenemos que producir! ¡No podemos perdernos todas esas oportunidades! A muchos dueños (y clientes) de negocios les parece anormal que una compañía con dueños cristianos, como Chick-fil-A, cierre los domingos. Sin embargo, es una de las corporaciones de comidas rápidas más rentables del mundo, y una de las más respetadas.

Es que sus líderes entienden este principio básico que Dios les dio a los israelitas. Al dejar que la tierra descansara, los nutrientes se irían reponiendo. Incluso a los israelitas les pareció anormal, porque no tenían expertos que realizaran pruebas de composición del suelo. Dios les reveló lo correcto y les dijo que confiaran en él por la fe. (Hoy, los agricultores rotan los cultivos que necesitan diferentes nutrientes, y además utilizan químicos para reponerlos, para no tener que dejar la tierra sin uso).

Ni siquiera sabemos ya cómo descansar. La mayoría de las personas sale de vacaciones cargadas de horarios, traslados, actividades, dinero y la preocupación por todo ello. Y al volver de las vacaciones, necesitan otras. El año pasado me tomé unas vacaciones en casa. Ya sabes, es cuando usas tu tiempo de vacaciones para quedarte en tu hogar sin ir a ninguna parte. Quería pasar tiempo con mi familia. El primer día desperté temprano, con la mente llena de importantes asuntos de la iglesia. Sin hacer ruido, entré en mi estudio y sin más ni más, me puse a trabajar. Como a las ocho y media, mi pequeño creador de rebeliones, Bookie, con sus siete años, me encontró sentado ante el escritorio como si supiera qué era lo que había que hacer para que esas vacaciones marcharan. Entró corriendo, flexionó los brazos para sacar músculo, me señaló con su dedito y gritó: «Papá, ¡te voy a ganar! ¡Vamos a luchar!».

También le dije el credo del padre ocupado:

—Todavía no puedo, compañerito. Termino en unos minutos. Papi está haciendo algo importante ahora.

Apenas lo dije, Dios aguijoneó mi corazón: «*Bookie* es lo importante ahora. Tu *trabajo* te está distrayendo. Deja la computadora. No te pierdas este momento».

Casi todos pensamos que estamos demasiado ocupados, o que somos demasiado importantes como para descansar durante un día entero.

«¿Tienes idea de lo importante que soy? ¡No puedo dejarlo todo así, sin más!». Cuando lo dices (aunque no sea en voz alta, pero sí en tu corazón), lo que estás diciendo en realidad es que los principios de Dios no son verdad. Que no crees en Dios. No crees que él sepa qué es lo mejor para ti: que el reposo te hará más productivo, más saludable espiritualmente. Necesitas fe. Y probablemente, también necesites una siesta.

A LA ESCUELA LOS DOMINGOS

En el mundo actual, para mucha gente el domingo es un día más, uno más de trabajo, o uno de fin de semana para hacer cosas que no han podido hacerse en la semana, un día para dormir hasta el mediodía y ver partidos de fútbol. También puede ser el día más ocupado de la semana, porque la familia va a la iglesia. Y aunque

Medidas extremas producen resultados extremos.

espero que adorar a Dios en la iglesia sea parte de tu semana y que te llene de vida, sé que también puede resultar cansador y que consume tiempo y energía (en especial para los padres y las madres). Pero así como tu cuerpo necesita dormir, tu alma necesita tiempo para descansar en Dios. Para saber más acerca de él. Para hablar con él. Para adorarle y alabarle. Para estar en comunión con otros hermanos y hermanas.

¿Recuerdas *Carrozas de fuego*, la conmovedora película sobre el legendario atleta británico y misionero cristiano Eric Liddell? Cuando Liddell, atleta británico de los Juegos Olímpicos de 1924, vio que la primera carrera de cien metros era un domingo, decidió de inmediato que no podía correr. El domingo es el día de Dios y él estaba comprometido a honrarlo. El solo hecho de que estaba en París para competir en los Juegos Olímpicos no sería justificativo para cambiar o romper un compromiso que había adquirido por toda la vida.

Hoy, la mayoría de las personas normales pensarían que era un tipo de lo más anormal, y hasta lo considerarían tonto por dejar pasar la oportunidad de alcanzar la gloria personal y la fama internacional. En su país, muchos dijeron que Liddell era un traidor por esa acción valiente e inusual. Hasta el Príncipe de Gales le rogó que cambiara de idea. Sin embargo, era un hombre poco común y tomó una posición poco común. En la siguiente carrera, de cuatrocientos metros (que no se corrió el día domingo), Liddell venció al segundo por asombrosos quince metros de diferencia. Ganó la medalla de oro de los Juegos

Olímpicos, y estableció un nuevo récord mundial. Aunque podría haber hecho lo que quisiera con su vida después de su éxito, Eric y su familia volvieron a China para servir como misioneros. Muchos tomarían eso como una decisión anormal, distinta y hasta lo considerarían tonto. Pero sospecho que Dios habrá aplaudido mucho más que cualquiera de los que le vieron ganar la medalla de oro.

¿Qué pasaría si hicieras de la adoración del domingo algo no negociable y te consagraras a ello con la misma insistencia que Eric Liddell? ¿O si no es el domingo, entonces un día en particular, establecido para centrarte en tu relación con Dios (y con los demás), no haciendo otra cosa más que esa? ¿Y si decidieras —si estás en la ciudad, y no te sientes mal físicamente— ir con otros a adorar a Dios, todos juntos? ¿Te parece extremo, exagerado?

Bueno, es que las medidas extremas producen resultados extremos.

Si quieres una vida normal, haz lo que hace la gente normal. Pero si quieres conocer íntimamente a Dios, andar con él día a día y agradarle en todo, vas a tener que hacer lo que hacen unos pocos.

Absolutamente *nada*.

Si sufres de adicción a tus itinerarios y a tus logros, es hora de hacer algo drástico para romper con todo eso. Si tu iPad se ha convertido en tu íDolo, es hora de dejarlo. A fin estar plenamente vivos, necesitamos tiempo con Dios para recargar las baterías. Tenemos que ser anormales. Lo normal no resulta. Necesitas descansar. Un descanso profundo. Si eres como la gente normal, no puedes seguir viviendo a este ritmo. Es hora de hacer un cambio.

No te conformes con una vida normal. No cuando puedes disfrutar de la maravillosa locura, de lo anormal y distinto que es ser la persona que Dios quiere que seas desde que te creó.

Segunda parte

EL DINERO

EL DINERO

Segunda parte

Capítulo 4

LOS PARIENTES RICOS

Somos ricos únicamente por lo que damos y pobres por lo que negamos.

—Ralph Waldo Emerson

¿Quién era la persona más rica que conociste en tu infancia? Cuando yo era pequeño, el chico que establecía el parámetro de oro para definir lo que significaba ser rico era un pequeñito fabulosamente acaudalado conocido como Richy Ricón, la estrella de su propia revista de caricaturas y protagonista de un dibujo animado que pasaban los domingos por la mañana. No recuerdo cómo había obtenido su dinero (¿por la industria petroquímica o el gas?, ¿por la Internet?, ¿por su mesada?), lo que sé es que tenía un mayordomo y una mucama robots, cosas que —si me lo preguntas— siguen pareciéndome fabulosas.

Y hoy, ¿quién representa lo que entiendes como «ser rico»? Casi todos conocemos a alguien que consideramos rico: el exitoso empresario, el inversor multimillonario, la chica con quien fuiste a la secundaria y que escribió el éxito de ventas del que luego se hizo una gran película protagonizada por Jennifer Aniston, que también es rica. Si eres como yo, es muy probable que en algún momento hayas pensado: «Si tuviera todo ese dinero, sería mejor persona que ellos. Gastan su dinero en cosas estúpidas. Yo jamás lo haría. Solo lo gastaría en cosas buenas, en lo que corresponde, como ayudar a otras personas».

¡El problema es que hay alguien leyendo este libro ahora mismo que piensa exactamente eso con respecto a ti! Para esa persona, *tú* tienes mucho dinero y piensa que gastarían tu dinero mucho mejor que tú (y tal vez tenga razón). Ser rico no solo implica tener parientes ricos que te dejan un montón de dinero. Ser rico siempre guarda relación con un parámetro que va cambiando. Cuando era muchacho creía que si uno trabajaba mucho, podía llegar a ganar tanto dinero como para que te consideraran rico, al menos en el sentido más general. Si trabajabas mucho *y* además te sonreía la buena suerte en algún momento, entonces sí podías ser realmente rico. Y si trabajabas mucho, y tenías suerte, y eras apuesto como para casarte con una multimillonaria, entonces hasta podías llegar a ser de esos megarricos que pueden comprar lo que quieran sin preocuparse por nada. No importa en qué lugar de la escala estés, lo probable es que si te pareces a la mayoría, siempre preferirías estar un escalón más arriba. Lo normal es que uno nunca esté satisfecho.

¿Has notado cuántos ricos no parecen creer que lo son? Tengo amigos con dinero. Si te llevara a la casa de ellos y los conocieras, dirías: «Sí, están llenos de oro y plata» (y podría llevarte a sus otras casas y allí dirías: «En serio, están llenos de dinero, oro, plata y todo lo demás»). Pero cuando alguien les dice que son ricos, afirman: «Ah, no, no lo somos. Pero sí conocemos a tal y a cual, esos *sí que son ricos*». Mis amigos no se consideran ricos porque conocen gente que tiene más que ellos.

La Universidad de Warwick, en el Reino Unido, hace poco completó un estudio llamado «El dinero y la felicidad: *el rango de ingresos, y no el ingreso en sí, afecta la satisfacción en la vida*» (énfasis mío). Como lo sugiere el título de este estudio, la investigación llegó a la conclusión de que para la mayoría, el estar contentos por la cantidad de dinero que se posee, implica que tienen que tener más que sus amigos y colegas. Y resultó que también era así pese a cuánto dinero ganara la persona. Siempre y cuando conocieran a alguien que ganara más, no estaban satisfechos con su riqueza. Lo que no tienen es la cantidad que quieren tener, más allá de lo ricos que sean.

LA RIQUEZA COMPARADA

Con toda franqueza, no me sorprendieron esos resultados. El autor de Eclesiastés observa: «Quien ama el dinero, de dinero no se sacia. Quien ama las riquezas nunca tiene suficiente» (5:10). Es una afirmación válida en todos los tiempos, que resume la mentalidad normal de la gente en nuestra cultura actual. No importa cuánto tengamos, no alcanza. Siempre se puede ganar más, gastar más, comprar más, ahorrar más, disfrutar más y endeudarse más. La única forma de saber si eres rico es si no encuentras a nadie que esté un escalón más arriba.

Este parámetro de la riqueza comparada se complica todavía más por el hecho de que la gran mayoría de nosotros no creemos ser ricos ni por asomo. Si alguien me preguntara: «Craig, ¿eres rico?», yo le diría: «¿Estás bromeando? ¡Soy pastor! Dios provee, por supuesto, pero estamos muy lejos de ser ricos». Sería una respuesta normal. Casi el noventa y ocho por ciento de los estadounidenses no se consideran ricos (y más o menos ese mismo porcentaje de la gente de los países en desarrollo considera que los estadounidenses pobres sí lo son).

Casi todos solemos ponernos en la categoría de los «no ricos», incluso cuando conocemos y hemos visto gente que vive con mucho menos de lo que tenemos. Por cierto, también hay gente rica con riqueza comprobada que prefiere creer que no lo es. Todos hemos visto gente millonaria y gente indigente por las calles, por lo que la mayoría suponemos que estamos en alguna categoría intermedia. Debido a que los parámetros culturales y personales son relativos en términos de riqueza, la definición de lo que es un rico siempre queda incompleta. Nadie parece saber dónde está la línea que divide a los realmente ricos de los demás.

¿Por qué? Porque se trata de un objetivo móvil. La forma en que definías al rico hace años tal vez no sea la misma en que lo defines hoy. Mi idea particular acerca de la riqueza ha ido evolucionando con cada etapa o temporada de mi vida. Por ejemplo, cuando ganaba veinticuatro mil dólares al año siendo pastor, tenía un amigo que ganaba cuarenta mil. Recuerdo que le dije a Amy: «Si pudiéramos ganar cuarenta mil dólares al año, nunca necesitaríamos más que eso, puesto que seríamos ricos». Y claro, luego tuvimos un hijo. Y nos gustó tanto que tuvimos cinco más. El concepto de rico se mudó y no dejó dicho dónde estaba ahora.

La organización Gallup realizó una encuesta entre estadounidenses, preguntándoles qué ingreso anual les haría pensar que son ricos. La gente que ganaba treinta mil o un poco menos al año (como promedio) respondió que la suma sería de setenta y cuatro mil dólares al año. Los que ganaban unos cincuenta mil al año contestaron diciendo que necesitarían cien mil dólares anuales para considerarse ricos. En realidad, no hubo quien respondiera de modo que indicara que su ingreso anual actual era lo que les marcaba como ricos.

Ah, sí, la marca de las seis cifras. Seguramente, ese es un indicador preciso de lo que implica ser rico, ¿verdad? Visto objetivamente, como umbral para entrar en la categoría de ricos, supongo que es lógico decir que cien mil dólares al año sería un parámetro. Pero habrá quien está leyendo ahora y gana esa cifra, y que diga: ¿En bruto o neto? ¿Con o sin seguro? ¿Y la hipoteca? ¿Y las cuotas del auto? Creo que vas entendiendo a qué me refiero…

Los matrimonios con un ingreso combinado de cien mil dólares al año podrían decir: «Tengo que darte una noticia: eso no es ser rico. Porque entre los impuestos y la hipoteca, los estudios de los chicos y su ortodoncia, el campamento y el seguro del auto y los implantes de senos de mi esposa, con cien mil al año no vas muy lejos que digamos».

Otro estudio les preguntó a los de más altos ingresos en los Estados Unidos cuánto creían necesitar como patrimonio para *sentirse* ricos. La respuesta más común fue: cinco millones. Si uno le preguntara a alguien que «solo» tiene dos millones de dólares: «¿Es rico(a) usted?», la persona diría: «¿Es un chiste? No. No lo soy». Ser rico es un objetivo móvil. Y eso explica por qué los estadounidenses normales, incluso cuando les va mucho mejor que a la mayoría del resto del mundo, *no se sienten* ricos. Por eso nunca estamos satisfechos y siempre queremos más, sin apreciar jamás todo lo que se nos ha dado. Una vez más, el ser normales nos está matando.

VIVIR COMO LA OTRA MITAD

No sería justo decir que lo que voy a anunciar es una buena noticia. Porque es más que eso. ¡Es una noticia increíblemente buena! ¿Quieres oírla? Mejor sería que te sientes. Ahí va: la buena noticia es ¡que tú eres realmente rico(a)![3] Sí, te hablo a ti. No hay nadie mirando por encima de tu hombro. Y antes de que pongas los ojos en blanco y pienses: «Ah, aquí vamos con el pastor que te dice que eres mucho más rico que los que mueren de hambre en los países subdesarrollados para que te sientas culpable», quiero decirte que no. Que no es así. No voy a culparte a fin de que dones veinte dólares para la despensa del comedor comunitario de tu localidad, ni para un equipo misionero en el extranjero (aunque creo que son buenas causas y que bien les vendrían mucho más que veinte dólares).

Tampoco voy a hacer que te sientas mal porque tienes un hogar abrigado (o fresco, depende de dónde vivas), y mucha comida nutritiva en la cocina, además del televisor de pantalla plana de cuarenta y dos pulgadas en la sala. No. Mi buena noticia para ti es que tienes oportunidades que otros no tienen. Tienes oportunidades para ser rico y, por eso, eres rico.

Puedes brindarles a tus hijos maravillosas oportunidades de aprender, de crecer, de disfrutar de la vida. Puedes festejar sus cumpleaños, llevarlos a comer afuera, mandarlos a clases de música o deportes. Tienes un transporte confiable que está bajo tu control. Podría incluso decirte que tu riqueza incluye la posibilidad de mandar a tus hijos a una escuela privada, para que su educación sea extraordinariamente buena. Y que puedes llevar a tu familia de vacaciones todos los años a lugares como la playa, las montañas, los museos… y hasta a Disneylandia. Sí, eres rico o rica. Y como Dios te ha confiado esa riqueza, puedes usar esos recursos para establecer una gran diferencia en numerosas vidas. Esa es una noticia muy buena. Buenísima. Aun mejor que ganarse la lotería.

La mejor noticia es que si trabajas en lo que realmente te gusta y disfrutas las bendiciones en esta vida, ambas cosas son regalos directos de Dios. Leemos: «Además, a quien Dios le concede abundancia y riquezas, también le concede comer de ellas, y tomar su parte y disfrutar de sus afanes, pues esto es don de Dios» (Eclesiastés 5:19). Este versículo lo dice bien claro. Dios te bendice. Eres rico por partida doble.

Ahora, sé que tal vez no sientas que eres rico en este momento. Nuestra relación con el dinero está vinculada a las circunstancias de la vida. La forma en que nos sentimos con respecto a la riqueza relativa depende del contexto temporal. Tal vez hoy sufras económicamente porque acabas de pasar por un desagradable divorcio. Y como si no bastara con que se te rompa el corazón y te lo pisoteen, también has perdido en términos económicos. O quizá estás luchando contra una terrible enfermedad, sobreviviendo a los desafíos, para hallar que ahora la montaña de cuentas por pagar es altísima y no te permite ver el futuro. Puede ser también que tu salario sea bajo y estés criando a solas a tus hijos, sin tener un ex a quien recurrir, con un mal crédito bancario y un auto que has tenido que resucitar unas seis veces. Conozco a muchas personas que pasan por circunstancias de este tipo y me dirían: «¿Sabes? No me *siento* rico». Y tienen razón.

Pero también conozco a mucha gente que está en las mismas situaciones y que se queja de lo que no pueden comprar, incluso cuando tienen televisión por cable, televisor de alta definición y pueden pedir pizza a domicilio con su iPhone, que viene con plan de acceso a la Internet y mensajería de texto sin costo. Si somos sinceros, a la mayoría nos va bien.

VIVIR A LO GRANDE

Como la gente normal no cree que es rica, por lo general apenas mirará o pasará por alto todo lo que le diga la Biblia a los ricos. Si te cruzas con un pasaje de la Biblia que se dirige directamente a ellos, ¿cómo respondes? Por mi experiencia sé que la mayoría diríamos: «Sí, absolutamente sí. Los ricos realmente necesitan oír la Palabra de Dios. Seguramente recordaré este versículo si llego a ser rico». Pero tenemos que recordar lo siguiente: la Palabra de Dios es atemporal y es para todo el planeta. Cuando nos comparamos con el resto del mundo, tenemos que reconocer que Dios nos está hablando a nosotros en este momento. ¡Nosotros somos esa gente rica!

El año pasado visité una pequeña aldea en un país subdesarrollado y me impresionó la forma en que uno de los aldeanos hablaba de lo que conocía del mundo que estaba más allá de su tierra. Como más de la mitad del mundo vive con menos dinero de lo que la mayoría de los estadounidenses pagan al mes por ver televisión por cable, uno puede imaginar cómo nos podrían definir. Probablemente, dirían: «Hay gente tan rica ¡que tiene un auto! No son muchos, por supuesto.

Leí que solo entre un tres y un cinco por ciento de la población global tiene auto. Pero hay gente tan rica ¡que tienen dos autos! Y de ellos, hay algunos que tienen una casa para el auto, que llaman garaje y es como una casita que protege al coche de la intemperie. ¿Y sabes qué más hacen? Esta gente rica se sube al auto y conduce, pasando por veinte o más de esos lugares donde hay comida —los que llaman restaurantes— y son tan ricos que les pagan a otros para que les preparen comida y se las sirvan. ¡Así de ricos son!

»Y algunos de esos ricos comen tanto en tantos restaurantes, que engordan mucho, pero siguen comiendo más y más. Luego tienen que ir a unos lugares que se llaman gimnasios y les pagan a otros para hacer ejercicio. Así de ricos son.

»Y de estos ricos, algunos tienen cuartos especiales que se llaman clósets, que están llenos de ropa. ¡Son cuartos para guardar ropa! Nadie duerme allí, solo la ropa, que está en perchas o estantes, como en una tienda. Hay gente tan rica que hasta tienen un cuarto grande para la ropa del hombre, y otro para la ropa de la mujer. ¡Tanta ropa! Para los días fríos, para los días cálidos, para el trabajo, para la iglesia. ¡Es una locura! Así vive la gente rica. Nunca lo he visto con mis propios ojos. No, no, no. Pero lo he oído».

Bueno, mi nuevo amigo no dijo todo eso, pero yo no podía evitar ver nuestra cultura a través de sus ojos. Es más, casi el cincuenta por ciento de la población mundial vive con menos de dos dólares al día; cualquiera de casi tres mil millones de personas podría haber dicho exactamente lo que acabas de leer.

La riqueza es relativa, y perdemos de vista lo ricos que somos en realidad cuando nos enfocamos solo en lo que vemos en la televisión, en el cine o en las revistas. Entonces, ¿por qué no nos sentimos ricos?

CONSUMO, CONSUMO, CONSUMO

Bien, somos ricos, pero no nos sentimos ricos. ¿Cómo es eso? Eso se debe a los medios de comunicación masiva y al mercadeo. Hay publicistas que quieren que nos sintamos ricos si podemos comprar sus productos, a menudo conocidos como marcas de lujo, que incluyen los automóviles Mercedes Benz, las joyas de Cartier y la ropa de Ralph Lauren. Otros quieren que nos sintamos orgullosos de lo conscientes que somos al gastar, lo inteligentes que somos para comprar. Quieren que veamos sus productos, no como lujosos, sino como la mejor calidad que puede comprarse al más bajo precio, como Wal-Mart, Hyundai y Old Navy.

En todo caso, siempre se nos está animando a comprar, a gastar, a adquirir un poco más. Es lo que hace la gente normal. Por desdicha, esta mentalidad no honra a Dios. Porque si sigues a Cristo, él te ha dado abundancia para que puedas ocuparte de los demás, y no para que compres pantalones capri para el verano que viene o para que tapices con cuero el interior de tu nuevo auto todoterreno. Mientras no asumas la responsabilidad de haber recibido la bendición de tener recursos que puedes dar para aliviar a quienes te rodean, puedes mantenerte enfocado en comprar más y más cosas para ti mismo. Pero la Palabra de Dios y el ejemplo que Jesús nos dio lo dejan bien claro, como cristal de Waterford: no se trata de nosotros mismos. Hallamos nuestra vida cuando la entregamos. Mientras vivamos corriendo detrás de las cosas, como el último modelo de celular, o los zapatos más lindos, o dependamos de símbolos del estatus para que nos definan (a pesar del nombre, por muchos jeans True Religion que tengas, no estarás más cerca de Dios), jamás viviremos en verdadera abundancia.

Tenemos que salir de esa mentalidad normal acerca del dinero y la riqueza para pasar a una drásticamente anormal y distinta: agradecer todo lo que tenemos y administrarlo para el bien de todos. Este cambio requiere de la ruptura con nuestra mentalidad consumista actual para ubicarnos en una perspectiva global. Si ganas treinta y siete mil dólares al año, estás dentro del cuatro por ciento de los asalariados activos de hoy, y bajo cualquier definición, eres rico. Si ganas cuarenta y cinco mil dólares al año o más, entonces estás dentro del uno por ciento de los asalariados más ricos del mundo. Para honrar a Dios con tu riqueza, ante todo deberás admitir que eres rico. Y la mayoría de las personas no lo hacen. Porque no es normal.

LA VERDADERA PROSPERIDAD

Solo porque estoy señalando lo ricos que somos y cómo se supone que vivamos, espero que no pienses que estoy enseñando lo que se conoce como «evangelio de la prosperidad». Este se trata de un conjunto de creencias basadas en la idea de que Dios quiere que seamos ricos y exitosos (lo que evidencia nuestra cuenta bancaria y nuestras posesiones) y que lo único que tenemos que hacer para que eso suceda es cumplir determinados principios bíblicos. Si haces X cosa para Dios, él te dará Y en recompensa. Cuando la gente me pregunta qué pienso del evangelio de la prosperidad, siempre respondo lo mismo: Dios nos bendice, a cada uno, con una variedad de dones. ¡Ya nos ha prosperado! El tema real es cómo lo honramos con lo que ya nos ha dado. Tal vez soy muy apasionado en esto porque desde que era chico tuve miedo de que no hubiera lo suficiente, ni suficiente tiempo en el día (como dije en capítulos anteriores), ni suficiente leche en el refrigerador, ni suficiente papel higiénico en el baño, ni suficiente dinero en el banco. Fue una mentalidad que me inculcaron durante casi toda mi vida, por lo que afecta permanentemente mi manera de pensar. Ante todo, este temor ha determinado la forma en que manipulo el dinero. Siempre vivimos como si tuviéramos menos, por anormal que parezca, sin financiar nada. Ahorramos para lo que queramos comprar y apartamos unas reservas para gastos inesperados.

Siempre me sentí orgulloso de lo austero y responsable que era con el dinero. A lo largo de los años, me han preguntado: «Craig ¿cómo aprendiste a administrar tan bien el dinero? ¿Cómo logras ser tan disciplinado con el ahorro?». Lo ven como una hazaña sobrehumana de disciplina propia y brillante planificación. Porque es bueno no tener deudas y ahorrar por si acaso, ¿verdad? Pero un día vi que mi motivación se basaba completamente en el temor y que no honraba a Dios. Aunque manipulaba el dinero con responsabilidad, seguía depositando mi seguridad en mi propia capacidad de ganar y controlar el dinero para que no tuviera que sufrir carencias nunca más. Mis esperanzas estaban puestas en lo material, no en la rica provisión de Dios.

Al darme cuenta de eso, recordé 1 Timoteo 6:17-19: «A los ricos de este mundo, mándales que no sean arrogantes ni pongan su esperanza en las riquezas, que son tan inseguras, sino en Dios, que nos provee de todo en abundancia para que lo disfrutemos. Mándales que hagan el bien, que sean ricos en buenas obras, y generosos, dispuestos a compartir lo que tienen. De este modo atesorarán para sí un seguro caudal para el futuro y obtendrán la vida verdadera».

¿QUÉ HAY EN TU CARTERA?

Lo que digo es que aun cuando pensemos que manipulamos el dinero de manera bíblica, nuestro motivo real tal vez no sea honrar a Dios. El Señor quiere que nuestros corazones se enfoquen en él, no en imaginar todos los desastres económicos posibles y en ahorrar «por si acaso». Si no identificamos y enfrentamos la actitud de nuestros corazones en cuanto al dinero, jamás podremos reconocer nuestra riqueza. Y si no podemos reconocer lo ricos que somos, seguiremos con dificultades para compartir, dar y servir a los demás con nuestros recursos.

Así que, tal vez la pregunta no sea: «¿Qué hay en *tu* cartera?», sino: «¿Qué hay en tu *corazón*?».

Es básicamente la cuestión que Jesús le planteó al Richy Ricón de su época. Ese joven muy rico se acercó a Jesús y le preguntó cómo podría estar más cerca de Dios. Y Jesús le dijo, en esencia: «Tendrás que dejar todas tus cosas si quieres ser diferente, si quieres seguirme». Y el tipo le contestó: «No puedo ¡Las amo demasiado!» (esta es mi paráfrasis de lo que hablaron).

Esa escena surge de Lucas 18:18-30: «Al verlo tan afligido, Jesús comentó: —¡Qué difícil es para los ricos entrar en el reino de Dios! En realidad, le resulta más fácil a un camello pasar por el ojo de una aguja, que a un rico entrar en el reino de Dios» (vv. 24-25). Ahora bien, aunque no me destacaba en física en la universidad, sé lo grande que es un camello. Y sé lo pequeño que es el ojo de una aguja. Jesús dijo que es más difícil que nosotros —los ricos— entremos en el reino de Dios que camello pase por el ojo de una aguja. No hace falta saber griego, el idioma original del texto, para entender que lo que quiso decir es que es realmente difícil. *Verdaderamente* difícil.

Así que, tal vez la pregunta no sea: «¿Qué hay en *tu* cartera?», sino: «¿Qué hay en tu *corazón*?».

¿Por qué, sin embargo, iba a decir Jesús que a los ricos les cuesta tanto entrar en el reino de Dios? ¿Sería que era como esos que tienen resentimiento porque los ricos tienen más? No lo creo. Más bien, creo que simplemente efectuó una observación, y no los estaba juzgando. No es que la mala conducta del camello le impida pasar por el ojo de la aguja. No. Es el tamaño del animal lo que se lo impide.

De manera similar, cuando más puede uno controlar la vida con el poder del dinero, la riqueza o la posición social, tanto más se verá inclinado a depender de la capacidad del dinero para hacer que sucedan las cosas, en lugar de depender de Dios. Es muy difícil para nosotros, los ricos (sí, Jesús te habla a ti y me habla a mí, tanto como al joven rico), ver a Jesús, entenderlo, creer en él, porque sinceramente, no nos hace falta confiar tanto en él. Pensamos que nuestra fuerza más grande es lo que tenemos, nuestro salario, nuestros ahorros, nuestro límite crediticio. ¿Qué pasaría si, por esas cosas anormales y distintas, nuestra mayor desventaja espiritual fuera justamente todo eso: las posesiones, los dólares, lo material?

No te equivoques: somos ricos. Y según lo veo yo, ser rico trae consigo tres desafíos principales:

1. Ser ricos hace que nos cueste depender de Dios

La mayoría de los estadounidenses nunca ha tenido que orar: «Jesús, dame el pan de hoy». Sé que no es así para todos, pero sí para la mayoría. ¿Por qué? Porque siempre hubo pan en la cocina (o Twinkies, o tortillas de queso). Jamás hemos sabido de veras lo que es depender de, y confiar en, Dios para que nos provea lo del día, porque siempre tuvimos para hoy. Y probablemente también para mañana. Y quizá hasta para el invierno que viene, con todo eso que guardamos en el congelador que está en el garaje.

Sé que algunos de los que administran tan bien sus recursos no solo están libres de preocupaciones, sin tener que confiar en Dios, sino que además se han asegurado de que tampoco sus hijos tengan que depender de él. Tienen seguro, seguro de salud, planes de jubilación y todo tipo de redes de seguridad. Es la norma, ¿verdad? El tener todas esas cosas no es algo malo y puede ser sensato y sabio. Pero también es un impedimento a veces en cuanto a nuestra capacidad para confiarle nuestras necesidades a Dios.

2. Ser rico hace que pases por alto las verdaderas prioridades

Como somos ricos, tenemos todo tipo de oportunidades. Podemos viajar donde queramos. Por cierto, no necesitamos una familia en la iglesia. Tenemos boletos para los partidos deportivos de la temporada y una razón válida para faltar a la iglesia entre septiembre y enero. Sé que la gente no va a la iglesia en el verano porque están en su cabaña del lago. Si eres como la mayoría, tienes riqueza como para que tu hijo vaya a hacer deportes, y hasta tienes que llevarlo a otro estado, porque aunque hoy solo tenga nueve años, nunca se sabe... tal vez algún día sea un deportista profesional.

Y no tienes tiempo de estar con tus hijos, porque los únicos momentos en que están juntos transcurren en el auto, cuando los llevas a clases de danza, de fútbol, de karate, de hockey sobre césped, de gimnasia, al club, a la práctica de patinaje, a las lecciones de buceo y demás. Y como si todo eso no fuera suficiente, tienes que trabajar más. No solo porque hay que pagar todas esas clases y los uniformes, sino para que sigan funcionando los autos, los aparatos de aire acondicionado y el sistema de riego. De manera que no puedes evitar la distracción, con todos esos problemas normales de los ricos.

Si nunca viajaste a un país del Tercer Mundo, te animo a que lo hagas alguna vez (lo preferible sería ir en una misión, en la que de veras puedas servir a los que viven allí). Cada vez que voy veo gente que literalmente no tiene nada. Hablo de nada, en serio. Ni piso. Nada. Ni baño. Nada. Ni siquiera saben qué comerán ese día. Nada.

Ellos son diferentes. Son, digamos... anormales, de lo más raro que haya visto jamás. Muchas de esas personas solamente tienen a Cristo, además de tenerse los unos a los otros. Y me asusta ver lo plenas que se sienten sus vidas a pesar de lo poco que tienen en cuanto a lo que para nosotros es esencial. Es extraño, pero siento celos de su alegría, su paz y su sencillez... hasta que llego de regreso a casa. Allí me encuentro de nuevo usando mi iPad, pensando en todas las cosas con las que me he rodeado y que son factores clave de mi felicidad.

3. Ser ricos nos añade gran responsabilidad

¿Por qué crees que Dios te hizo rico? ¿De veras crees que es para que lo consumas todo? Esa sería la respuesta normal. Sin embargo, Lucas 12:48 nos dice: «A todo el que se le ha dado mucho, se le exigirá mucho; y al que se le ha confiado mucho, se le pedirá aun más».

Se nos ha dado mucho. Como Dios nos hizo ricos, espera mucho más de nosotros. ¿Cómo debiéramos vivir entonces, siendo ricos?

Me alegra que lo preguntaras... Ha llegado el momento de conocer los *estilos de vida de los ricos y anormales que siguen a Jesús*.

Capítulo 5

LO MEJOR QUE EL DINERO NO PUEDE COMPRAR

La peor pobreza es la deuda.

—Thomas Fuller

A cabo de hablar por teléfono con un amigo que está económicamente asfixiado. Hace siete años, Jim y su familia compraron una linda y cómoda casa con tres dormitorios. Cuando se mudaron allí, su esposa quiso una mesa nueva para la cocina, además de cortinas y un empapelado más moderno. Y él quería —el sueño de todo hombre— una nueva parrillera a gas, y un galpón donde guardar su tractor cortacésped. Una cosa llevó a la otra: la cocina necesitaba un tope nuevo, hacía falta una alfombra nueva, electrodomésticos nuevos de acero inoxidable, todo eso cortesía de Mastercard y Visa. Me recuerda a uno de los cuentos favoritos de mi hija: *Si le das una galleta a un ratoncito*. La historia contaba que los ratones son muy parecidos a las personas, porque siempre quieren más, se trate de galletas o de cosas lindas. El estilo de vida de Jim y

Beth desbordaba con señales de belleza, encanto y buen gusto: tenían una linda casa, un lindo auto, linda ropa y hermosas oportunidades para sus dos hijos talentosos, en pleno crecimiento.

Pero un día, inesperadamente, descubrieron que iban a tener otro bebé.

Habrás adivinado que esta novedad alimentó el fuego del consumo de lo mejor y más lindo, que ya estaba encendido. No pasó mucho tiempo antes de que vieran que su auto y su casa no alcanzarían, porque ahora habría un integrante más en la familia, de modo que sacaron un préstamo para comprar una camioneta nueva (y más grande) y una casa (también más grande) con cuatro dormitorios en lugar de tres, así habría lugar para la bendición sorpresa que pronto llegaría.

Jim me dijo con mucho dolor: «No sé qué pasó. Creíamos estar haciendo lo correcto en ese momento. Necesitábamos una casa más grande. Y un auto más seguro para el bebé. Y no sé cómo podríamos ahora sacar a nuestra hija de las clases de danzas y de su equipo de porristas, ni al niño de sus clases de fútbol y béisbol. ¿No es normal que los progenitores queramos lo mejor para nuestros hijos?».

Mientras escuchaba su relato acerca de cada una de las decisiones financieras que había tomado, su historia me pareció igual a la que ya había oído tantas veces, que seguramente también conoces. Y ahora que Jim perdió su empleo, le preocupa la posibilidad de perder la casa también.

Jim suspiró y dijo con determinación, pero en un tono hueco: «Bueno, al menos sé que mis problemas son normales».

NO TIENE PRECIO

¿Quieres saber algo que es perfectamente normal y tiene que ver con nuestra perspectiva acerca del dinero? Hablo del estrés. Estrés por no tener suficiente, por no ganar suficiente, por deber demasiado. Conozco a muchísima gente que vive al día, de salario en salario. Y con los problemas económicos actuales, tal vez tú estés también en la misma situación. Según una encuesta reciente de CareerBuilder.com, más de la mitad —el sesenta y uno por ciento— de los estadounidenses que trabajan viven de salario en salario.[4]

¿Las cuotas del mes? Son normales. ¿La deuda de la tarjeta de crédito? Es normal. ¿Pagar solamente el mínimo? Es normal. Sí, en efecto, eso *no tiene precio*. Porque, ¿qué precio puedes ponerle a tu preocupación, tu ansiedad y tu miedo? ¿Cuánto valen tu salud, tu seguridad y tu paz? Como todo el mundo lucha la misma batalla, seguramente la guerra debe valer la pena, ¿verdad? Porque es algo normal. Lo único que queremos es lo que pensamos que tiene todo el mundo. Pero todo el mundo solo tiene el mismo estrés, la misma preocupación, la misma desesperanza que tenemos nosotros. ¿Cuál es el daño colateral de toda esa normalidad? La tensión en tus relaciones con las personas que más amas. Peleas en tu matrimonio. Sentimientos de indefensión y frustración. De no saber qué hacer, de perder la esperanza. Sentimientos de vergüenza. Y como hablamos de este tema desde hace un par de páginas, tengo que preguntarte: ¿Sabes por qué estoy tan en contra de lo normal? Porque lo normal no resulta.

¿Cuántos somos típicamente los que gastamos por mes más dinero del que ganamos? ¿Y cómo cubrimos esa brecha? Con las tarjetas de crédito, usando los ahorros, con préstamos o tomándolo de la cuenta de jubilación por adelantado. ¿Cómo será terminar el mes con algo de dinero de sobra? ¿Cómo será pagar todas las cuentas y ahorrar un poco cada mes? Por favor, no creas que me siento superior, ni que estoy estableciendo juicios. Dije antes que mi austeridad y compromiso para vivir sin deudas, en realidad, son el otro lado de la misma moneda: quiero sentir que controlo mi vida. El problema de centrarnos en nosotros mismos y gastar todo lo que ganamos, o más, es que nos perdemos la bendición de poder dar. Sé que tal vez digas: «Pero si no me alcanza, o apenas logro cubrir lo mío, ¿cómo se te ocurre que podría darle dinero a otros?».

Casi todos dicen que la razón por la que no dan dinero es que sienten que no pueden hacerlo. Sienten que no les alcanza. Pero, ¿y si tuvieras lo suficiente para, digamos, ayudar a alguien que lo necesita? ¿Si tuvieras dinero como para dar sin que eso te causara angustia o estrés? ¿Si tuvieras suficiente como para hacer lo que más te gusta? ¿Si tuvieras suficiente como para poder cambiarlo por más tiempo? (como para pagarle a alguien que limpiara tu casa o cuidara tu jardín, por ejemplo). El oxígeno económico te da más lugar para respirar. Puede ayudarte a sentir que descansas. Sin preocuparte, sin ansiedad, sin sentir miedo todo el tiempo. Ya sabes… para vivir como alguien normal.

Ahora, considerando lo destructivas que pueden ser las complicaciones monetarias, no sorprende que Dios quiera que te libres de las preocupaciones económicas. Él quiere que tengas de más. Proverbios 21:20 es un gran versículo que debemos memorizar: «En casa del sabio abundan las riquezas y el perfume, pero el necio todo lo despilfarra». El sabio —y no el rico— tiene más que suficiente en su casa. Tiene de más. Según este versículo, el necio es el que vive de salario en salario. Cada vez que obtiene más, lo usa todo. ¿No te parece anormal que la Biblia *no diga* que para ser rico tienes que tener más de lo necesario? Según este versículo, ni siquiera hay que tener dos ingresos en la familia. Ni ganar cifras de seis números al año. Solo hace falta ser sabios. Hay una forma sabia de administrar el dinero que Dios te confía. Y también hay una forma necia y tonta de despilfarrar lo que Dios te confía. La decisión, en realidad, es tuya.

MÁS RICOS QUE LOS RICOS

Tenemos unos buenos amigos, dos familias diferentes, con hogares muy distintos. Supongo que esos dos matrimonios se parecerán a gente que conoces. Mike y su esposa Brenda viven como muchos otros de nuestra comunidad. Tienen una casa preciosa de casi cuatrocientos metros cuadrados, con un jardín perfecto, cuidado por profesionales. La entrada a la casa es espectacular, con doble puerta que da a una galería hermosa. Hasta el timbre es genial. No es como el tradicional *ding-dong*, sino: ¡*dong-da-ding-da-dong-dong!*

Al entrar, siempre siento que estoy ingresando a un hotel. La impresión es de buen gusto, de una casa amplia, cautivadora, a lo grande, con cielorrasos altos, pisos de madera y baldosas caras, y una escalinata en espiral que es la protagonista. La cocina resplandece con sus muchos electrodomésticos de acero inoxidable. Mi esposa envidia su enorme horno (y el grifo perfecto para llenar las ollas, justo al lado). Los mostradores son todos de granito.

En cada ambiente se respira el buen gusto, incluso en los baños, con tanto mármol y grifería de aspecto antiguo. El inodoro es tan grande y alto que cuando te sientas, te quedan los pies colgando como los de un niño (no es que me haya pasado, pero así es). Su garaje —si se le puede llamar así— se parece más a un enorme salón de exposición, con autos que relucen. Tiene espacio para cuatro vehículos, con gabinetes y armarios en todas las paredes. Brenda es dueña de un todoterreno, bien grande. Mike tiene un sedán, con mucha clase, porque así puede llevar a los clientes por la ciudad cuando vienen a verlo. Pero también poseen un convertible de color llamativo «solo para divertirse». Y en el espacio que queda, está el bote de esquiar y las motos acuáticas de los chicos.

Toda la casa emite un mensaje muy claro: Mike y Brenda son exitosos, como para despertar la envidia de cualquiera. Les va bien. Muy bien. Es obvio que no solo tienen mucho dinero, mucho más del que necesitan, sino que también tienen buen gusto y conocen perfectamente qué es lo mejor que pueden comprar con su dinero.

Ahora bien, Mike me contó lo que les cuesta este estilo de vida triunfante: mucho, mucho más de lo que puedas pensar en cifras. Verás, sinceramente, *no les va tan bien*. Detrás del granito, los pisos de madera y el mármol, no tienen medios económicos ni margen alguno.

Brenda tuvo que volver a trabajar. Quería quedarse en casa para ocuparse de los chicos y su hogar, pero esa ya no es una opción sensata. Mike está siempre con miedo de que lo despidan. Viven una carrera desesperada, siempre luchando para poder mantener su estilo de vida. Y viven constantemente cansados, agotados, con miedo todo el tiempo. Sus discusiones y peleas son cada vez más frecuentes, así como los pagos vencidos y los sobregiros en las cuentas bancarias. Estoy convencido de que se quieren, pero también sé que se culpan el uno al otro por las circunstancias en que están hoy. Y uno lo puede ver por la forma en que descargan sus frustraciones (y miedos) en el otro. Sí, claro que su casa es preciosa, pero seguramente no te gustaría vivir ahí. El escritor de Proverbios 13:7 bien podría haber estado pensando en este hogar cuando dijo: «Algunos dicen ser ricos y no tienen nada» (TLA).

Luego están Tony y Erryn. Cuando llegas a su casa, lo primero que notas es su jardín, desprolijo, invadido de flores de diente de león. Con juguetes y huellas por todas partes, como si todos los chicos del barrio vivieran allí. Prácticamente podríamos decir que así es. Puedes tocar el timbre si quieres, pero no funciona. Cuando golpeo la puerta, con su mosquitero endeble y viejo, Tony siempre me reta: «¡Eres de la familia! No echamos llave…», y termina diciendo: «¡Entra ya!».

El vestíbulo es angosto y está mal iluminado. Y el cielorraso te deja sin aliento, siempre y cuando seas de los fanáticos del estilo de los setenta, con esa textura que parece de palomitas de maíz. La cocina es pequeña y con pocas cosas, pero muy funcional. Cuando uno entra, Erryn —que es buena cocinera— enseguida dice: «¡Prueba esto! Te encantará», y con una sonrisa te mete una cuchara en la boca. Y siempre tiene razón. La sopa, o la salsa de los espaguetis, o lo que sea que prepare con frutas, siempre es delicioso y te hace querer más.

Los mostradores son de auténtica fórmica, un poco desteñida y hasta agrietada en algunos lugares, pero excelente para apoyarte, derramar tu Kool-Aid, o picar vegetales para la siguiente creación culinaria de Erryn. El baño tiene un solo lavabo, un inodoro y una bañera. Pero tiene algo encantador. Como Erryn es una artista, hizo toallitas que dicen «Bienvenidos», «Amor» y «Amigos». Y aunque no es tan pequeño como su baño, el garaje es *diminuto* de veras. Tienen dos autos —cada uno con más de ciento cincuenta mil kilómetros, y uno de ellos con bastante más que eso— pero solo cabe un vehículo. Así que el viejo autito de Tony duerme afuera como una querida mascota, haciendo frente a la intemperie.

Me encanta ir a su casa, y se los digo casi todas las veces. Uno se siente… bueno… como en casa. Me quito los zapatos apenas entro y ando por ahí descalzo o con las medias. El blanco sofá casi me ruega que me eche allí a dormir una siesta. Tal vez parezca anormal (a esta altura supongo que ya te acostumbraste a ello), pero casi me siento como si viviera allí. Hay mucha paz. Todo murmura, susurra te invita a estar en calma, relajarte, ser tú mismo. Lo sientes en todas partes. Tienen mucho dinero, más de lo que necesitan. Nadie pasa hambre en esa casa, en especial los invitados.

Tony y Erryn han elegido un estilo de vida más simple. Cuando me recuesto en su sillón para ver un partido con Tony en su pequeña televisión de treinta y seis pulgadas, noto cómo interactúan ellos y sus hijos; son diferentes. No son una solo familia. Es más, hasta parece que les gusta estar juntos y compartir las cosas. Es una locura, lo sé. Francamente anormal. No tienen muchas cosas lindas, ni ambientes como para fotos de revistas de diseño interior. Así que no les importa muchi si algo se rompe accidentalmente. No imaginas la paz que se siente ahí. Comer un sándwich junto al fregadero de su cocina es más terapéutico que un masaje. No hay tensión, ni temor, ni ansiedad. No te sientes presionado a apreciar más las cosas que tienen que a ellos mismos.

El observador casual que viniera a su casa diría: «Son un desastre, ¿no ves todos esos pelos del perro? ¿Y los muebles? Y ni hablar del empapelado tan anticuado. Lástima que no tengan como para poder modernizarlo». Pero estaría equivocándose. Porque el problema no es que no puedan comprar lo que para muchos sería algo mejor.

El problema es que hemos estado definiendo «lo mejor» de la manera equivocada: rico, exitoso, *a la moda*, aceptable. La enorme casa de Mike y Brenda, con sus ambientes perfectos como para una foto, huele a tensión, frustración y miedo. No ofrece nada que te haga sentir seguro, relajado, tranquilo. No, todo el ambiente de la casa parece susurrar: «Es ilusorio. Es un castillo de naipes que está por derrumbarse».

Ahora bien, el hogar de Tony y Erryn es otra cosa. Promueve algo así como una envidia que no puedes aliviar con un paseo a Ethan Allen. Porque es un hogar rico en amor, lleno de espacio y margen, con lugar para cometer errores, con tiempo para estar allí si quieres sin hacer nada. Su familia tiene lo que más importa: «En casa del sabio hay riquezas y perfumes; en casa del tonto sólo hay desperdicios» (Proverbios 21:20, TLA). Repito que no intento juzgar a mis amigos. Pero lo que sé es lo que cada uno de ellos me ha dicho. Uno trabaja muy duro por mantener un espejismo que le come la vida poco a poco, y el otro se esfuerza por hacer de su hogar un lugar que restaura, que nutre, que da vida a los demás.

CONTENTAMIENTO PARA TONTOS

Parece que siempre podemos contar con Pablo para que nos explique las cosas. En 1 Timoteo 6:6-8 escribe: «Es cierto que con la verdadera religión se obtienen grandes ganancias, pero sólo si uno está satisfecho con lo que tiene. Porque nada trajimos a este mundo, y nada podemos llevarnos. Así que, si tenemos ropa y comida, contentémonos con eso». Tony y Erryn representan este tipo de contentamiento. Son cristianos contentos y construyen un lleno hogar de santidad. No se trata de poca ganancia, y tampoco dicen: «Bueno, somos gente pobre y humilde que tiene lo que le hace falta». Más bien es ¡una ganancia enorme! Porque deliberadamente eligen su estilo de vida, así como Mike y Brenda eligen el suyo.

En los versículos 9 y 10, Pablo describe el doloroso ciclo en el que se encuentran muchas personas: «Los que quieren enriquecerse caen en la tentación y se vuelven esclavos de sus muchos deseos. Estos afanes insensatos y dañinos hunden a la gente en la ruina y en la destrucción. Porque el amor al dinero es la raíz de toda clase de males. Por codiciarlo, algunos se han desviado de la fe y se han causado muchísimos sinsabores».

Este es el fundamento de la tentación más elemental. Es algo que *se ve* buenísimo. Pero es una trampa. Escucha lo serias y hasta peligrosas que son sus palabras: insensato, dañino, ruina, destrucción, males... ¿Cuáles son algunos de los males que aquejan a la gente normal que conocemos? Las deudas, la presión económica, el estrés, la tensión. Y todo, ¿por qué? ¿Por el dinero? En *Charlie y la fábrica de chocolates* me encanta lo que le dice el abuelo a Charlie cuando este quiere vender su boleto de oro porque su familia realmente necesita el dinero: «Allí afuera hay muchísimo dinero. Porque imprimen más y más, todos los días. Pero de este boleto solo hay cinco en todo el mundo y no habrá más que eso. Solo un tonto cambiaría esto por algo tan común como el dinero. ¿Eres tonto?».

Es poco frecuente hallar devoción y contentamiento juntos. Y es anormal. Todos conocemos gente que no llega a disfrutar de las bendiciones que Dios les ha dado solo porque están muy preocupados por el dinero. Es común. ¿Y por qué están tan estresados? Porque se sienten desesperados por *guardarlo todo*. Ese es el miedo que sienten, ¿verdad? El tener de más, tener que perder parte de esas cosas geniales que vienen con el dinero. Tal vez la razón por la que nos causa tanto estrés el aferrarnos al dinero es porque se supone que no está bien.

Hay muchísimo dinero afuera. Si quieres ser diferente, si quieres ser mejor que lo normal, entonces tienes que *vivir* distinto. Esta es la vida que Dios te ha dado y es única. Según el abuelo de Charlie: «Solamente un tonto la cambiaría por algo tan común como el dinero».

EL SECRETO PARA VIVIR SIN DEUDAS...
¡EN CUATRO CÓMODAS CUOTAS!

Si alguna vez sufriste de insomnio y pasaste horas en la madrugada cambiando de un canal a otro, haz de saber que mucha gente se hace rica diciéndonos a los demás cómo salir de las deudas. O si miraste los títulos de los libros más vendidos en tu librería cercana, también encontrarás una sección entera dedicada a los secretos de vivir sin deudas. Ahora, no hablo de los legítimos expertos financieros que tienen principios sólidos y métodos que inspiran a ser responsable en términos fiscales. Soy un fanático de Dave Ramsey y hay muchos otros recursos excelentes que te recomendaría de corazón.

Lo suficiente nunca es suficiente.

Mi problema con algunos de los otros gurúes económicos es que es claro que parecen estar explotando nuestro deseo de encontrar soluciones rápidas y fáciles. Detesto tener que gritar una obviedad, pero nadie que está endeudado creó su pozo de la mañana a la noche. Mis amigos Jim y Beth, y también Brenda y Mike, no decidieron endeudarse de un minuto al otro. Fue más bien que «una cosa lleva a la otra», una trampa, como cuando le das una galleta a un ratón y luego quiere un vaso de leche.

Porque lo suficiente *nunca es suficiente*.

Muchas personas tienen un estilo de vida que les hace caer en el oscuro hoyo de la normalidad. Creen que su problema son los ingresos. Y piensan: «¡Si solo pudiera ganar un poco más! No mucho, pero como para solucionar los problemas que tengo ahora». Sin embargo, no se trata de los ingresos. Es más bien un problema del estilo de vivir. Porque cuando suben tus ingresos, tu estilo de vida los acompaña y se pone a tono, tragándose toda oportunidad de que te sobre algo. La raíz de todo eso es más que solo un problema de estilo de vida: es un problema espiritual.

En Mateo 6:19, Jesús dice: «No acumulen para sí tesoros en la tierra, donde la polilla y el óxido destruyen, y donde los ladrones se meten a robar». Y, sin embargo, la ambición constante de muchas personas es exactamente lo contrario: acumular, conseguir más. Más, más y más. Jesús continúa: «Más bien, acumulen para sí tesoros en el cielo, donde ni la polilla ni el óxido carcomen, ni los ladrones se meten a robar. Porque donde esté tu tesoro, allí estará también tu corazón» (vv. 20-21).

Allí donde va tu dinero, irá tu corazón.

El cristiano promedio de Estados Unidos da más o menos un dos por ciento de sus ingresos a la ayuda social y al avance del reino de Dios en la tierra. Eso significa que el noventa y ocho por ciento restante va al mundo. Lo cual implica que el noventa y ocho por ciento del corazón va al mundo. Si te preguntas por qué querrías más del mundo y no estás satisfecho con Dios, será porque tienes un problema espiritual. Pensamos que con más seríamos más felices.

Encontramos una advertencia muy a propósito de esto en 1 Juan 2:15-17: «No amen al mundo ni nada de lo que hay en él. Si alguien ama al mundo, no tiene el amor del Padre. Porque nada de lo que hay en el mundo —los malos deseos del cuerpo, la codicia de los ojos y la arrogancia de la vida— proviene del Padre sino del mundo. El mundo se acaba con sus malos deseos, pero el que hace la voluntad de Dios permanece para siempre».

Allí donde va tu dinero, irá tu corazón.

Si quieres salir de la deuda para siempre, el secreto es que no hay ningún secreto. Es lo mismo que sucede con las dietas: para bajar de peso, por muchas dietas o trucos que haya, la solución jamás es instantánea ni mágica. Tienes que cambiar tu forma de comer, con menos cosas malas y más cosas buenas, y tienes que hacer ejercicio. Lo mismo pasa con las deudas. Es pura aritmética, afortunadamente de la elemental, no de la relacionanda con la física nuclear. Las dos opciones que hay en el camino al margen financiero, son sencillas:

1. Ganar más
2. Gastar menos

Es eso nada más. El secreto para salir de las deudas en cuatro palabras. Lo sabías. Y supongo que también sabes que no insulto tu inteligencia ni estoy expresando otra cosa más que palabras de aliento para que salgas de la trampa normal que mata a tanta gente. Así que, si conocemos la solución ¿qué es lo que nos impide implementarla? Tiene que haber un problema más profundo, de raíz. Para librarnos de un problema espiritual, tenemos que arrancarlo de raíz. Y para arrancar las raíces tenemos que estar dispuestos a ensuciarnos las manos, a hacer ciertos sacrificios que nos den beneficios a largo —y no a corto— plazo, con ganancias que se refinancian. Dios está dispuesto a ayudarnos, a darnos las herramientas que necesitamos para arrancar las malezas de esas áreas donde nuestro deseo de tener más dinero estropea nuestro fruto del Espíritu.

Tienes que anhelar a Dios más de lo normal.

Proverbios 15:16 afirma: «Más vale tener poco, con temor del Señor, que muchas riquezas con grandes angustias». Es mejor tener poco con el Señor que mucho sin él. Mejor es tener menos casas, autos, electrodomésticos, ropa, juguetes y cuentas que el mundo entero pero perder el alma. Es mejor algo que pagas por completo, que se usa, se disfruta, se comparte y se gasta, que tener algo nuevo, brillante y lindo que no terminarás de pagar hasta el 2019 y que no disfrutas por culpa del estrés. Mejor un poco con temor del Señor, que más de lo que tienen todos los demás. Lo normal no es lo mejor, a fin de cuentas.

El mundo te dice que con más serás feliz. Pero esto es un espejismo en el desierto del siglo veintiuno que jamás puedes alcanzar. Dios te dice que la felicidad consiste en estar contento con lo que ya tienes, con lo que él te provee, con lo que puedes compartir. Si te cuesta creerlo, entonces tendrás que rasgar ese velo de ilusión que la cultura mantiene ante tus ojos con tanto esfuerzo. Tienes que anhelar a Dios, más de lo normal. Tienes que estar dispuesto a vivir para dar, no a vivir para ganar. Es como cuando Jesús le preguntó al cojo cerca del pozo de Betesda: «¿Quieres sanar?» (Juan 5:6). Es obvio que no estaba insultando al inválido, que evidentemente había ido allí porque quería sanar.

Así que, ¿*quieres* sanar? ¿Quieres escapar de las deudas? Entonces tienes que decidir qué es lo que más importa, y luego actuar según los deseos de tu corazón. Es normal enfermarse por culpa del dinero en nuestra cultura. Para mantener la salud y vivir el gozo de la riqueza eterna, ha llegado la hora de no ser normal: hay que ser anormales.

Capítulo 6

EL OJO GENEROSO

Con lo que obtenemos, vivimos. Con lo que damos, creamos vida.

—Winston Churchill

is hijos son anormales. Más que yo. Sí, seguro, hacen un montón de cosas que suelen realizar los chicos normales, pero a veces los oigo hablar y pienso: «Los chicos normales no hablan de cosas como esas». Durante un viaje familiar, en el asiento trasero del auto, mis dos hijos más pequeños, Jojo y Bookie, de cinco y seis años, discutieron acaloradamente (tal vez pienses: «Claro que son anormales, con esos nombres…» Lo sé, pero hay apodos que quedan para siempre). No sé bien cómo empezó todo, pero esto es lo que decían:

Bookie: «Jo, tienes que dar de tu dinero a caridad.[5] Al hacerlo, ¡se lo estás dando a Dios!».

Jojo: «No le voy a dar mi dinero a caridad».

Bookie: «¡Por favor, Jo! *Tienes* que dárselo. Si lo haces, es como dárselo a Dios».

Jojo: «Te dije que *no le voy a dar* mi dinero a caridad».

Bookie: «Por favor, Jojo, por favor, porfiiiii… ¡Dale tu dinero, aunque sea una parte, y estarás dándoselo a Dios!».

Jojo: «Mira, Bookie. No le voy a dar nada a caridad porque no sé quién es. No conozco a esa chica. Y si la conociera, tal vez no me gustaría. ¡Así que no le doy nada de mi dinero!».

Es probable que concuerdes con Jojo. No es fácil conseguir lo que tenemos. Nos esforzamos por mantener nuestro estilo de vida, al que nos hemos acostumbrado. Y es perfectamente normal sentir que tenemos derecho a guardarnos lo nuestro. En especial si no conocemos a las personas a las que estaríamos dándoles lo nuestro (y si eres como Jojo, no sé si lo darías). Es fácil pensar: «Que se ganen lo suyo como yo. Aquí cada uno cuida lo que tiene. No voy a darle de mi dinero, mi tiempo y mis recursos a nadie». Pero lo que Bookie quería comunicar era algo básico para la comprensión de nuestra relación con el dinero y las cosas materiales. La Biblia nos indica, directa y congruentemente, que hemos de dar con generosidad, con lo que entonces servimos, honramos y glorificamos a Dios. Después de todo, la generosidad es uno de los fundamentos de la naturaleza divina.

Si eres seguidor de Cristo, medita un momento en el valor del asombroso regalo que nos ha dado sin que lo merezcamos: la misericordia, la gracia, el perdón. Una nueva vida. Es difícil imaginar con qué generosidad nos da todo lo que tiene. Si recibimos la riqueza de corazón y la vida abundante, una vida nueva, a través de Cristo, deberíamos dar con profunda gratitud. Y, también, deberíamos ver que no hay nada que importe más si tenemos lo que Dios nos da con tal generosidad. Podremos dar todo lo que él nos confía con el mismo espíritu de generosidad.

EL OJO PUESTO EN EL PREMIO

La Palabra de Dios nos da una promesa sencilla, aunque maravillosa: «El ojo misericordioso será bendito» (Proverbios 22:9, RVR60). Me encanta cómo lo dice esta versión: «ojo misericordioso». Es fácil de entender, fresco, atemporal al mismo tiempo y guarda una verdad potente. Conozco a muchos líderes empresariales que tienen buen ojo para los tratos más convenientes. Los diseñadores, por su parte, pueden tener buen ojo para el color. Tal vez tengas ojos para los detalles o para ver el panorama completo. Sin embargo, todos podemos tener un ojo generoso, misericordioso, porque ello no es un talento especial, ni una habilidad ni un rasgo de la personalidad. Todos podemos, además, experimentar la consecuencia —la bendición— de tan generosa actitud. ¿Qué verías si miraras al mundo con ojo un misericordioso y generoso? En tu día a día, tal vez notarías necesidades que otros no observan, o identificarías lugares donde solo tú serías capaz de dar lo que hace falta. El hecho de ver con ojos generosos le da a tus pensamientos una perspectiva o color superior:

«Dios, ¿a quién puedo bendecir en esta situación?».

«¿Qué tengo que pueda usar para marcar una diferencia?»

«¿Qué hace falta aquí y cómo puedo ayudar?»

Lo más anormal es que cuanto más damos, más ricos somos. Se nos promete bendición si tenemos un ojo generoso. Pero, ¿qué significa eso exactamente? ¿Acaso se trata otra vez del evangelio de la prosperidad, dar solo para que a cambio recibamos más? No. La bendición que recibimos a cambio puede no ser material, en absoluto. Jesús explica esta promesa de otra manera: «Den, y se les dará: se les echará en el regazo una medida llena, apretada, sacudida y desbordante. Porque con la medida que midan a otros, se les medirá a ustedes» (Lucas 6:38). También indica que hay una causa y un efecto, una relación recíproca entre dar lo que tenemos y recibir la bendición de Dios. Cuando das, recibes bendición. Cuando das, se te dará de vuelta.

Pablo era amigo de gente que había caminado codo a codo con Cristo y cita a Jesús en Hechos 20:35: «Hay más dicha en dar que en recibir». Tal vez hayas oído este versículo ya, pero para la mayoría no es algo que ronde sus mentes. Porque va contra nuestra intuición. Preferimos obtener algo antes que dar.

No estoy sugiriendo que cuando des cien dólares vas a recibir cien (o más) de alguna parte. Sí, eso puede suceder, pero no es ese el mensaje. Esta verdad no es una estrategia de inversiones para manipular a Dios como podrías hacerlo al jugar en la bolsa de valores. Se nos promete bendición si damos con generosidad. No se nos promete una recompensa con intereses. No todas las bendiciones de Dios tienen que ver con el dinero. Más bien, pueden ser riquezas del Espíritu: la paz, el gozo, la paciencia u otros regalos que el dinero no puede comprar (una esposa, un esposo, hijos, el perdón, el respeto, un trabajo que te encanta). En la economía de Dios, hasta puedes cosechar donde no echaste semillas. Cuando eres generoso, recibes bendición, sea material, espiritual, emocional, relacional o de la forma que sea. Dios evidentemente le da mucha más importancia a lo que sucede en nuestros corazones, no a lo que pasa en nuestra credito bancario. Le importan más nuestras actitudes que nuestro riesgo crediticio. El hecho de dar con generosidad te transforma. Te libera y mina el poder que pueden tener sobre ti el dinero y las posesiones. Hace que te parezcas más a él.

RICOS EN ESPÍRITU

Hace unos años fuimos con toda la familia a Ecuador en un viaje misionero. Ayudamos en diferentes aldeas y conocimos a mucha gente del lugar. En un pueblo en particular, los nativos nos recordaban a los aborígenes de Estados Unidos. Aunque mis hijos tienen una decimosexta parte de sangre chéroqui, una de mis hijas —Mandy— parece que fuera mitad aborigen y la verdad es que se parecía mucho a los lugareños, como si ella fuera de allí. Los aldeanos eran muy educados con todos, pero no necesariamente lograban conectarse con nosotros. Pero con Mandy, era todo lo contrario. Se arremolinaban alrededor de ella, como si fuera una hija perdida a la que volvían a ver en una reunión familiar.

Cuando empezamos a conocer a la gente de la aldea, hice las preguntas de siempre: de dónde obtenían la comida, qué tipo de trabajos hacían, cómo ganaban dinero para poder vivir. Descubrí que les iba bastante bien haciendo bellísimos vestidos bordados. Estaban orgullosos de su precioso trabajo; supe que mucha gente rica de todo el mundo va allí a comprarles esos vestidos a sus hijas o esposas para alguna ocasión especial. Según los aldeanos, cada vestido requiere como promedio un mes de trabajo. Y no cuesta creerles cuando ves los asombrosos detalles, la colorida decoración, la excelente manufactura. Nos explicaron que por lo general, el precio de un vestido alcanza para cubrir las necesidades básicas de una familia durante un mes. Y hablo de necesidades básicas porque el monto equivale más o menos a solo tres dólares al día. Bastaba para la comida, algo de ropa y medicina si hacía falta. Pero de todos modos, la familia era pobre, muy pobre: carecen de agua corriente, electricidad y tienen pisos de tierra.

Cuando terminamos con nuestro proyecto de servicio, el equipo comenzó a empacar y nos preparamos para volver a casa. En el momento preciso de la despedida, nuestro traductor se acercó acompañado de un grupo de aldeanos. Y fue con ayuda del traductor, que sonreía todo el tiempo, que los aldeanos nos dijeron: «Creemos que Dios quiere bendecir a su hija Mandy con uno de nuestros vestidos».

No supe qué decir. No me pareció correcto. Estábamos allí para servirles, no para sacarles de las manos el ingreso de un mes entero. Traté de agradecerles y de dejar en claro que no podíamos aceptar un regalo tan caro. Pero insistieron: «No, no. Tienen que aceptarlo. Creemos que Dios de veras quiere bendecirla».

En mi mente, recorrí el guardarropas de Mandy en casa, había tanto esperándonos en nuestra vida normal en Estados Unidos. Tenemos mucho y esta gente muy poco. No me parecía bien. Así que dije: «Les pagaré el vestido. Es que no puedo aceptar que se lo regalen. No, claro que no».

El traductor iba a voltear su rostro hacia ellos, pero se detuvo como meditando en mis palabras. Mantuvo el contacto visual conmigo durante unos incómodos segundos, en silencio, y luego dijo: «Pastor Groeschel. No les voy a decir esto a ellos. Los heriría terriblemente. Por favor, sería muy maleducado si les robara las bendiciones que quieren darle a usted y a su familia, en el nombre de Dios».

Aunque me atormentaba lo desigual del hecho, sabía que si aceptaba su regalo, por extravagante que fuera, estaría haciendo lo correcto. Cuando le probaron el vestido a Mandy, vi que mi hija lloraba. También yo. Y Amy. En efecto, cuando terminaron de vestirla y atar las cintas y los moños, ¡todos los del equipo llorábamos! Todos los aldeanos tenían una sonrisa de oreja a oreja en su rostro. Me sentí tan indigno, tan humillado. ¿Cómo podía recibir nuestra familia un regalo tan lujoso?

Era claro que Dios nos estaba diciendo: «Quiero enseñarles a que reciban de mí. Recuerden de dónde vienen todas las bendiciones».

BENDECIDOS PARA SER BENDICIÓN

¿Por qué nos bendice Dios? Para transformarnos, moldearnos y deshacer el daño que nos causamos a nosotros mismos cuando nos conformamos con una vida normal. El vestido de Mandy me recuerda lo arrogantes que podemos ser al suponer que no necesitamos nada de los pobres, cuando en realidad muchos pobres son más ricos que nosotros. Estoy convencido de que Dios no nos bendice porque lo merezcamos o porque nos lo ganemos. No nos bendice para que sintamos culpa y vergüenza. Nos bendice para que podamos ser distintos.

Pablo escribe en 2 Corintios 9:11: «Ustedes serán enriquecidos en todo sentido para que en toda ocasión puedan ser generosos, y para que por medio de nosotros la generosidad de ustedes resulte en acciones de gracias a Dios». Observemos que no dice «enriquecidos en dinero». Dice «*enriquecidos en todo sentido*». En griego, «en todo sentido» se dice *pas* y significa en todo, en todas las cosas, en casa cosa. La mayoría de las personas —incluidos los creyentes— parecen ir solo tras las bendiciones materiales. Si es esa nuestra definición de riqueza, nos estamos perdiendo el noventa y nueve por cierto de lo que Dios tiene para nosotros. «En todo sentido» implica lo relacional, lo emocional, lo sicológico, lo físico y... bueno, todos los aspectos que puedas imaginar. Por cierto, lo económico y lo material están incluidos, pero también una veintena de categorías referentes a riquezas.

¿Por qué dijo Pablo que Dios nos haría ricos en todo sentido? «Para que [...] la generosidad de ustedes resulte en acciones de gracias a Dios». Dios siempre se preocupa porque volvamos a él, a sus propósitos, amando a los demás. ¿Por qué? *Porque quiere que le conozcamos y sepamos cuánto nos ama.*

Cuando permites que las bendiciones de Dios fluyan a través de ti, y das con generosidad como conducto de bendición, entonces te apartas drásticamente de la típica mentalidad que afirma: «¿Qué saco de esto yo?». Eso quiere decir que la mayoría de las personas normales no lo entenderán. No entenderán por qué razón se te ocurre dar tanto de lo que tienes. Claro que seguro prestarán atención a tu sobrenatural generosidad, por lo que querrán saber qué hay de distinto en ti. Te preguntarán cómo es que puedes dar —y vivir— con tal generosidad. Y tendrás la oportunidad de explicar por qué eres tan anormal y por qué quizá quieran serlo ellos también. ¿Por qué? No solo porque ser normales no da resultado. Es más importante que eso: porque Dios es nuestra única y verdadera fuente de vida.

ANTEOJOS TRIDIMENSIONALES

La única forma de cultivar el ojo generoso es con la práctica: buscando las oportunidades y rindiéndote a ellas. Me resulta útil agrupar estas oportunidades en categorías, según tres formas de dar; mirando por los anteojos tridimensionales (o 3D) de la generosidad, digamos. Si practicamos las tres, nos acercamos más a Dios, a su forma de ver las cosas, pero a medida que avanzamos en las tres dimensiones del dar, más fuerte se vuelve nuestra perspectiva eterna. De repente, vemos las necesidades ajenas como más importantes que las propias. Descubrimos que el pegajoso poder del dinero y las posesiones ya no nos detiene, como pasaba antes. Descubrimos que ya no nos preocupamos ni sufrimos ansiedad por lo que necesitamos, o por lo que vaya a pasar.

El primer nivel del dar es la espontaneidad. Por cierto, no hay nada de malo en ser de los que dan espontáneamente. Cuando ves una necesidad, de inmediato quieres aprovecharla y dar. ¿Ves a un hombre indigente en un cruce de calles, con un cartel pidiendo dinero para comer? Entonces, le das un billete antes de que cambie la luz del semáforo. ¿Te enteras de que una familia no tiene transporte? Les prestas tu autito durante una semana. Son todos buenos impulsos. Pero si el dar espontáneamente es tu único ejercicio, se verá limitado el impacto que puedas tener y el que pueda tener en ti la bendición de Dios.

Este primer nivel de la generosidad no implica un compromiso con un estilo de vida, asumido de manera deliberada. Solo es una reacción, y a menudo nada más que emocional: la compasión por el indigente, la culpa por tener un auto que no usas en el garaje. Y vuelvo a decirlo: eso no es malo. Pero simplemente no basta para cultivar una visión generosa coherente. El objetivo es transformar la generosidad espontánea en lo que llamo generosidad estratégica.

Si los dadores espontáneos son anormales, los estratégicos están locos de remate. Porque los dadores estratégicos planifican de antemano, para poder ser realmente generosos. Tienen intención de dar y piensan en cómo hacerlo. Isaías 32:8 los describe: «Pero el generoso pensará generosidades, y por generosidades será exaltado» (RVR60). El dador estratégico, en efecto, contempla cosas como: «¿De qué

Daré a Dios lo primero, lo mejor que tenga, y él bendecirá el resto. manera puedo ser más generoso? ¿Cómo puedo hacer que mis ojos sean más dadivosos? ¿Cómo puedo maximizar mis bendiciones a fin de ser de bendición para los demás?».

Los dadores estratégicos también dan el diezmo. Entienden este principio bíblico: Daré a Dios lo primero, lo mejor que tenga, y él bendecirá el resto. Reconocen que la primera parte de todo lo que obtienen le pertenece a Dios y que lo único que están haciendo es devolvérselo (a través de su iglesia y su obra), por obediencia y amor.

Muchas familias, incluida la mía, se comprometen con esta visión estratégica de la generosidad y el diezmo. Amy y yo planificamos una vez al mes una reunión para pensar: «¿A qué o quién le estamos dando? ¿Vemos el efecto? ¿Cuánto más tenemos para dar? ¿Cuánto más necesitamos para dar más?». Este tipo de intencionalidad nos ha bendecido y Dios la ha usado para bendecir a otros, esperamos, llegando a ser mejores dadores, más fuertes en cuanto a la generosidad. No reaccionamos simplemente a las emociones o a la evidente necesidad que se presenta bajo nuestras narices. El dador estratégico es consciente de que dar no es algo que hagamos, sino que se da a partir de la condición de ser generosos. Fieles a la promesa de Dios, cuando nos comprometemos a dar de manera coherente, nos acercamos más a él y vemos sus propósitos con nuevos ojos.

Por último, y para disfrutar la experiencia plena en alta definición, del tipo IMAX [sistema de proyección de cine], tenemos a los que dan con sacrificio. Si los dadores espontáneos son anormales y los estratégicos son locos, entonces estos son realmente fanáticos. No están cuerdos. Asustan. No es solo que creen que las cosas de este mundo no importen. Más bien, viven sin que les importen. Más allá de reconocer solo con palabras que lo material no es lo que importa, en realidad ven las posesiones como meras herramientas que Dios nos brinda para avanzar en el establecimiento de su reino en la tierra.

El acto de dar con sacrificio no implica tirarlo todo al viento y quedarse sin nada. Es más, muchos de los que dan con sacrificio son personas con dinero. Lo que pasa es que no viven con el objetivo de tenerlo. Tienen mucho y saben que son solo administradores de Dios, de toda la riqueza que tienen, y por eso se deleitan en dar con generosidad, sacrificio y estratégicamente. Aman a Dios y confían tanto en él que no tienen problema con dar lo que él les ha dado para que lo administren por un tiempo.

Cuando oímos gente en nuestra cultura que dice: «No tengo tanto como para dar», en realidad lo que están diciendo es que no tienen tanto *de sobra* como para dar sin cambiar su estilo de vida. Es normal, por supuesto. Pero lo cierto es que siempre tienes *algo* que dar. Y cuando menos tienes, más sacrificio implica el dar a los demás. Jesús observó a la viuda que dio todo lo que tenía como ofrenda en el templo, y lo consideró tan maravilloso que les habló a los discípulos de ese sacrificio (Marcos 12:41-44).

Cuando más tenemos, más grande es la responsabilidad y la oportunidad que tenemos de ser de bendición para los demás: «A todo el que se le ha dado mucho, se le exigirá mucho; y al que se le ha confiado mucho, se le pedirá aun más» (Lucas 12:48). Cuando más cultivemos el ojo generoso, más claro podremos ver: a nosotros mismos, a los demás y a Dios.

> **Dar no es algo que hacemos. Porque surge de la condición de ser generosos.**

¿Alguna vez te dolió la cabeza por usar los anteojos 3D para ver una película? Supongo que ahora también sentirás algo parecido, y más si no tienes mucha práctica en esto de dar. Te entiendo, porque también yo sentía lo mismo. Pero no te preocupes.

Lo único que tienes que hacer es empezar desde donde estés. Si nunca diste, empieza a dar. Espontáneamente. Donde veas una necesidad que puedas cubrir, da.

Ahora bien, no te detengas allí. Empieza a dar. Empieza a cuidar tus gastos para que puedas tener más para dar. Mantén la atención puesta en las oportunidades. Planifica, ora y empieza a dar estratégicamente. Así como ahora piensas en la manera en que puedes obtener lo que quieres, considera el hecho de mirar adelante para poder dar de manera más eficaz, causando un mayor impacto en las vidas de los demás.

Tampoco te detengas en eso. Enloquece. Únete a los anormales. Disponte a sentir ganas de dar. Insiste. Hazte fanático del dar. Estudia tus finanzas y tu estilo de vida. Calcula cómo vivir con menos, y menos y menos. Y da más, y más y más.

Aquí quiero ser cien por ciento claro. No hablo de que le des a la iglesia todo el dinero posible. Esa no es la economía de Dios. Además, francamente sería holgazanería de tu parte. Porque no es eso lo que tienes que hacer. Puedes darle un diez por ciento —un mínimo, al menos— a tu iglesia local. Para apoyarla. Para regar el suelo en que te has plantado. Ayúdala a crecer. Y a medida que aumentes el porcentaje a lo largo del tiempo, mira más allá de tu iglesia y encuentra otros lugares que puedas ayudar a crecer. Ministerios serios. Oportunidades en tu barrio, en la escuela de tus hijos. Causas que te apasionen para que avance el reino de Dios. Aprovecha los recursos que tienes para cambiar la eternidad. Aprende a ahorrar y ganar más recursos para poder dar más.

Sí, es anormal, loco incluso, creer que hay mayor bendición en el dar que en el recibir. Pero también es esta la verdad que más nos abre los ojos, que más vida nos da, y que como se refiere al dinero, nos cuesta aprender. Haz lo que tengas que hacer para que tus ojos se vuelvan generosos. Dios te bendecirá. Y tú podrás ser de bendición para otros.

Tercera parte

LAS RELACIONES

Capítulo 7

EL AMOR ES...
ANORMAL

Todos somos un poco anormales y la vida también. Cuando encontramos a otro anormal, compatible con nosotros, nos unimos a esa persona y compartimos una anomalía mutua; eso es lo que llamamos amor.

—Atribuido a Theodor Geisel, «Doctor Seuss»

«Craig, ¡*tienes* que conocer a esta chica! Es *anormal* como tú».

Fue la primera descripción de Amy que oí. De la mujer con la que me casé hace veinte años. Allá lejos y hace tiempo, cuando oí esas palabras siendo estudiante universitario, me pregunté si podía ser posible lo que me decían: ¿Una chica anormal como yo? ¿Anormal en el buen sentido, por lo que podía sentirme elogiado? ¿O más bien anormal en la categoría de los que no encajan con los demás, y era eso lo que me estaban diciendo? Pienso que cuando un hombre veinteañero oye que una mujer es anormal, a la verdad no será eso lo que le haga interesarse.

—¿A qué te refieres con que es anormal como *yo*? —le pregunté a mi amiga Sara, que obviamente disfrutaba de esa oportunidad para aclarar que ella *no era anormal* y que por eso no era mi tipo.

Sara no era de las que hablan porque sí; y por cierto, eso despertó mi interés. Quería saber a qué se refería con «anormal» (o al referirse a mí).

—Dime, ¿qué tiene de anormal esa chica?

—Todo —contestó—. No es normal... digo, sí, es simpática y todo eso. Tienes que conocerla, ya verás. Te digo sinceramente que es rara como tú, con todo eso de Dios.

Parecía promisorio, pero confieso (claro que tenía veintitantos años y la sangre bullendo) que no podía imaginar que la amiga de Sara en realidad amara a Dios, y también fuera linda, y *anormal*. Me parecía que una cosa no iba con la otra, al menos según mi experiencia. Si una chica era anormal... bueno, tal vez lo fuera porque no podía atraer a un chico normal.

Sin embargo, me entusiasmaba la idea de conocer a alguien que no tratara de vivir como los demás. La conversión en cristiano había cambiado mi forma de ver las citas normales con chicas normales, más que nada porque mi centro de atención también cambió, del placer físico al de la compatibilidad espiritual. Así que oré durante dos meses, antes de llamar a Amy, preguntándole a Dios con paciencia si realmente quería que yo llamara a alguien de quien solo tenía un comentario. Después de mucho orar, la llamé.

Si no lo has adivinado todavía, no se trató de una «cita a ciegas» normal. A medida que leas la historia, recuerda que es cien por ciento cierta, tal cual sucedió todo. Llamé por teléfono a la casa de Amy, un tanto nervioso después de orar y esperar ese momento dos meses. En esa época no había ni Facebook ni teléfonos celulares (sí, ¡así *de viejo soy!*).

Ring, ring, ring. Contestó la máquina: «Hola, soy Amy. No estoy en casa. Por favor, deja un mensaje después del tono». El bellísimo sonido de su voz me resultó familiar de inmediato. *¿Podía ser que ella y yo fuéramos parte de la misma tribu de anormales?* Por extraño que te parezca, sinceramente tuve la fuerte sensación, sin verla, de que podría casarme con esa chica algún día. Como esta iba a ser su primera impresión del que sería su futuro esposo, sabía que mi mensaje tenía que ser memorable.

Antes, veamos algo de contexto. La película de Tom Cruise, *Top Gun*, era muy popular en ese entonces. En una famosa escena, Carol (interpretada por Meg Ryan) le dice a Goose (el compañero de Cruise, interpretado por Anthony Edwards antes de su época en Emergency Room): «Oye, semental, llévame a la cama ¡o me pierdes para siempre!» Inspirado para imitar esa escena, en mi versión espiritualizada, cuando sonó el tono dije: «Oye, chica cristiana, ¡llévame a la iglesia o me pierdes para siempre!». Terminé así mi primer mensaje a mi futura esposa, con un versículo de la Biblia relevante para la ocasión: «Ahora, pues, permanecen estas tres virtudes: la fe, la esperanza y el amor. Pero la más excelente de ellas es el amor 1 Corintios 13:13. Y colgué.

Bueno, eso es más que anormal, ya lo sé. Incluso loco. Sí, hasta podría considerarse un tanto aterrador. Pero debe haber resultado, supongo, o tal vez Amy sintió tanta vergüenza por mí que decidió aceptar y salimos.

Exactamente trece meses más tarde, escuchamos la grabación de ese mensaje mientras Amy avanzaba hacia el altar el día de nuestra boda. Nuestra torta llevaba escrito nuestro versículo favorito de la Biblia, el mismo que usé en esa primera llamada.

«ACEPTO» NO ES LA RESPUESTA

En nuestra cultura las chicas crecen con la fantasía del día más especial, el que cambiaría sus vidas: el día de su boda. El novio, por supuesto, es el señor Perfecto, el tipo ideal, que combina las mejores cualidades del señor Darcy —de la novela de Jane Austen—, el señor Big y Brad Pitt. Después de la boda de ensueño, lo que sigue también ha de ser perfecto: comprarán la más linda casa y tendrán una vida de lo más romántica con el señor Perfecto; tendrán dos hijos preciosos, con nombres maravillosos que la chica ya eligió desde el primer grado.

La mayoría de los chicos crece y sueña con una mujer hermosa, con quien tendrá relaciones sexuales dos veces al día y tres los domingos.

Todos siguen soñando.

Cuando se trata del matrimonio y del tipo de amor que hace falta para forjar un vínculo como ese, tanto los hombres como las mujeres están en medio de una gran confusión. Muchos creen que para sentirse plenos de verdad en la vida tienen que conocer a «la persona», al compañero del alma, a la pareja «perfectamente compatible, tipo eHarmony [agencia matrimonial en la Internet]», la única persona que puede completarte como nadie más podrá, el único gran amor de toda la vida.

Luce lindo… y es verdad. Pero no en la forma en que piensa la mayoría de la gente. Ese ideal, y las muchas falsas expectativas que lo acompañan, existe desde siempre, igual que el amor.

Vemos este problema más de cerca en una historia bíblica que no puede compararse ni siquiera con lo mejor que pudiera imaginar Jerry Springer. Es la retorcida historia de un tipo llamado Jacob, que queda impresionado por la belleza de Raquel. Leemos: «Raquel era bonita de pies a cabeza» (Génesis 29:17, TLA)… ¡la forma en que la Biblia nos dice que era un bombón!

Tal vez me exceda en la lectura de esta historia, pero me parece obvio que la vida de Jacob estaba vacía. Sabemos que no disfrutaba de la aprobación de su padre, que había engañado a su hermano de forma tan escandalosa como para crearse un enemigo de por vida, y que tenía «problemas» con su madre, sobreprotectora y manipuladora.

¡La verdad es que la novela *Los días de nuestras vidas* no tiene nada que ver con este relato!

En ese momento de su vida, como sucede con muchos de nosotros, Jacob no entendía lo que es el amor incondicional de Dios. Así que cuando vio a esa chica perfecta a solas junto al pozo de agua, podemos suponer que su corazón y su mente empezaron a galopar: *Si puedo casarme con esta belleza, mi vida será perfecta y todos los demás tipos me envidiarán. Si logro tenerla, ¡mi vida tendrá significado! Me hará feliz. ¡Tengo que tener a esta chica, cueste lo que cueste!*

¿Te posee familiar? Tal vez te haya pasado algo así. Mucha gente no se siente valiosa si no tiene a su lado a una persona del otro sexo. Las jóvenes y las más maduras a menudo se ven obligadas a pensar que necesitan un novio o esposo para sentirse atractivas, completas, exitosas, dignas. *Necesito a un hombre para sentirme especial, amada.* Sienten que no valen nada a menos que haya un hombre en el centro de su universo, cualquier tipo, incluso los abusivos, los que son dañinos para ellas.

De la misma manera, muchos muchachos y hombres solo logran encontrar su identidad si llevan del brazo a una mujer y, por lo general, no puede ser cualquier mujer, sino una belleza que haga que todos se den vuelta para mirarla cuando entra en un lugar. Alguien que haga que piensen: «¡Qué tipo tiene que ser este para haber conseguido una mujer así!». Los hombres de mediana edad, o ya mayores, parecen ser especialmente vulnerables con sus frágiles egos. Al enfrentarse con su propia mortalidad, y con las desilusiones de la vida, anhelan volver a sentirse fuertes, apuestos, viriles y exitosos. Por eso abandonan a sus fieles esposas por chicas más atractivas y jóvenes, sin más remordimiento que el que sienten al cambiar el auto del año pasado por uno nuevo. Para esos hombres, la mujer hermosa es como una mercancía necesaria para poder sentirse verdaderos machos.

Como un adolescente enfermo de amor, Jacob creyó que casarse con Raquel sería la respuesta a todos sus problemas. Si lograba casarse con ella, ya no se sentiría tan vacío, tan solo, con tanto miedo ni tanta incertidumbre respecto a todo y a sí mismo también. Pero por desdicha, cuando crees erróneamente que el matrimonio es la respuesta —como le pasó a Jacob— creas un cimiento débil para la construcción de tu relación. Si esperas que tu cónyuge satisfaga todas tus necesidades y elimine todos los problemas, estás disponiéndote a enfrentar tres desafíos muy importantes: la negociación, el creerse con derechos y la amargura.

TRES GOLPES

Cuando ves a tu cónyuge (o potencial cónyuge) como salvador o salvadora, rápidamente te dispondrás a negociar tus parámetros de vida. En la historia de Jacob, el joven obsesionado con su sueño de casarse con la bellísima y atractiva Raquel le presenta al tío de la joven un ofrecimiento generoso y confiadamente atrevido a la vez: «Trabajaré para ti durante siete años, a cambio de tu hija menor Raquel» (Génesis 29:18). Parece una propuesta extraña, comparada con lo que hoy entendemos como compromiso y matrimonio. Pero en la época de Jacob no era algo inusual. Sin embargo, se destaca un detalle: lo que Jacob ofrecía por su novia era extravagante, ya que era casi cuatro veces más de lo que se consideraba el precio normal por una esposa. Estaba tan enamorado de la idea del amor —a toda costa— que daba más de lo que debía.

Esta ciega devoción puede parecer surgida de la inmadurez, pero hoy también hay personas que negocian su propio ser. Una joven que quiere esperar hasta el matrimonio para compartir con su esposo el regalo del sexo puede tratar de ceder solo porque quiere mantener viva la atención de su novio. O un tipo adora tanto a su amada que se endeuda terriblemente para probar cuánto la ama, le compra joyas, ropa, la lleva a restaurantes caros y hasta puede tal vez comprarle un auto. Si terminan casándose, ya arrancarán con una enorme carga financiera, y el precedente de que el afecto se compra. Cuando crees que el matrimonio es tu respuesta, muchas veces terminarás dando algo que en última instancia los hiere a ambos.

Hay otro problema con la obsesión con las relaciones: te vuelves exigente. Porque después de siete años, Jacob exigió su premio: «Ya he cumplido con el tiempo pactado. Dame mi mujer para que me case con ella» (Génesis 29:21). En el lenguaje original, la frase «quiero dormir con ella» implica una exigencia con carga sexual y no la gentil invitación a la intimidad del matrimonio. La mente de Jacob estaba decididamente centrada en el matrimonio como transacción comercial: «Yo ya hice mi parte, y ahora más le vale a Labán hacer la suya, porque tengo derecho a lo que es mío. Pagué el precio. Ahora quiero la mercadería».

Esa no es una buena forma de iniciar un matrimonio.

Sin embargo, también hoy vemos esta mentalidad en muchas parejas, la actitud de la transacción, del «me debes». Es muy normal que uno de los dos piense: «Ya hice mi parte. Ahora te toca hacer la tuya» «Te compré esa pulsera, así que mejor que me des lo que quiero y cuando lo quiera» «Te preparé la cena, así que ahora limpia el garaje» «Tengo dos empleos, así que tienes que hacer todas las tareas de la casa».

En el matrimonio luchamos con este problema de sentirnos con derecho a algo. Amy se ocupa de la educación de los seis chicos en casa, también de la limpieza, la organización y el mantenimiento. Como trabaja tanto, a veces siente que le debo lo que quiere. Aun cuando estoy exhausto, exige que le dé mi cuerpo. Muchas veces solo quiero abrazarla y charlar, pero ella solo piensa en una cosa. Y me siento usado, como si fuera un pedazo de carne. (Bueno, si crees todo lo que dije, también puedo venderte un lindo pantano. Solo quería ver si estabas prestando atención).

Finalmente, cuando el matrimonio es la respuesta que buscas, terminarán invariablemente sin ilusión alguna, con insatisfacción. Hoy es normal que la gente entre en el matrimonio con tantas expectativas que no habría persona sobre la tierra que pudiera cumplirlas en su totalidad. Muchas parejas están destinadas al fracaso, incluso antes de comenzar.

Nuestro amigo Jacob lo descubrió a las malas. Porque después de recibir el pago de los siete años de trabajo su sobrino, Labán, empezó a pensar: «Tengo esta hija joven y bella, Raquel, con la que cualquier hombre del planeta querría casarse. Pero también tengo a Betty la Fea, Lea, que ni siquiera ha salido con nadie, y no creo que llegue a casarse. Hmmm, a ver... sí, tengo un plan».

¡Así que Labán se aprovecha de Jacob! Como este ha bebido un poco de más en la fiesta, Labán pone en marcha su plan y manda a Lea, con su traje de novia y su velo, a la tienda de la luna de miel. Imaginemos la resaca de Jacob cuando abre los ojos al día siguiente y encuentra que ¡su esposa es su cuñada! Furioso ante el cruel engaño de Labán, de todos modos Jacob acuerda pagarle con siete años más de trabajo para ganarse a su amada Raquel.

Nuevamente, no es esta la mejor forma de iniciar un matrimonio. Cuando te enamoras de un ideal, es imposible no sentir desilusión ante la persona que tienes al lado. Muchas veces nos proponemos casarnos con Raquel, la personificación de lo perfecto, que nos completará y cumplirá todos nuestros deseos. Y terminamos con la realidad de Lea, un ser humano de carne y hueso, con defectos como tenemos todos.

BUSQUEMOS EL NÚMERO DOS

Al igual que Jacob, la mayoría de las personas normales creen que para hallar la verdadera plenitud en la vida tendrán que encontrar a «la persona justa». Eso es cierto, pero no como lo ve la mayoría. Aunque es normal oír que alguien diga después de una cita: «¡Creo que es la persona justa para mí!», no es muy probable que oigamos: «¡Acabo de conocer al número dos de mi vida!».

Porque es cierto, para tener plenitud uno tiene que conocer al número uno. Dios es tu número uno. Y tu cónyuge debiera ser tu número dos.

Aquí no estoy tratando de hacerme el inteligente, ni de venderte algo: la Biblia aclara esta jerarquía en las relaciones. Se nos dice que hemos de buscar a Dios *primero* (Mateo 6:33). El *primero* de los Diez Mandamientos es amar a Dios y no tener ídolos (cuando buscamos el matrimonio y todo lo que representa para nosotros más de lo que buscamos a Dios, el matrimonio se convierte en un ídolo). Jesús dijo que el *primero* y más grande de los mandamientos es amar a Dios primero y luego amar al prójimo. Dios es nuestro número uno, y nuestro cónyuge es nuestro número dos. Si nos centramos primero en Dios y vemos a nuestro cónyuge como su regalo para nosotros, ya dejamos de esperar que otra persona haga lo que solo Dios puede hacer.

Poner primero a Dios no te dará la garantía de un matrimonio fácil, pero sí te resultará más sencillo eso que luchar con la negociación, con el creerse con derechos (el uno o el otro) y con la amargura. Así como el secreto para hacer dieta o vivir sin deudas es algo asombrosamente simple, pero terriblemente difícil, lo mismo pasa con la clave para el matrimonio saludable, maravillosamente anormal y distinto. Si quieres que tu matrimonio sea mejor que lo normal, tienes que concentrarte, comunicarte y colaborar.

Pasados unos años, la mayoría de los matrimonios normales deja ya de hacer lo que les había acercado. Empiezan entonces a coexistir como compañeros de habitación y se quedan juntos por los hijos. Una mujer me dijo que su soltería le había parecido la fase más solitaria de su vida hasta que se casó con un esposo que no respondía en nada. Y muchos hombres me contaron que tuvieron aventuras amorosas, concretadas en lo físico o no, porque se habían apartado de la intimidad emocional con sus esposas, sin darse cuenta hasta que andaban como a la deriva en medio del mar. ¿Por qué sucede que personas que se amaron tanto en algún momento acaban dividiendo sus posesiones en un divorcio legal? Suele ser porque han dejado de cuidar juntos el jardín.

CUIDEMOS EL JARDÍN

Piensa en esto: ¿Hay algún aspecto de tu vida en el que puedas dejar de laborar y aun así ver crecimiento? ¿Puedes comer todo lo que quieras, evitar el ejercicio, y aun así esperar que tu cuerpo esté sano? Claro que no. ¿Puedes dejar el jardín sin regarlo, fertilizarlo ni cortar el césped y luego ver una prolija y verde alfombra, tan bella como para ganar el premio al mejor jardín? Te repito que mejor será olvidarlo. ¿Puedes apostar dinero en la bolsa de valores y nunca más volver a mirarla, para luego gozar de una cómoda jubilación gracias a esa primera inversión? No lo creo. Sin embargo, las personas normales son negligentes con sus matrimonios, y de todos modos esperan vivir felices con sus cónyuges.

Si te parece que el césped se ve más verde en otra parte, es hora de que riegues el tuyo.

No es de extrañar entonces que resulte tan tentador hacer borrón y cuenta nueva para repetir el ciclo con otra persona. Estadísticamente, cuantas más veces se haya divorciado alguien, más probabilidades tiene de que su próximo matrimonio acabe del mismo modo. Si te parece que el césped se ve más verde en otra parte, es hora de que riegues el tuyo.

Ahora bien, si quieres salir de la norma y tener lo que pocos tienen, tendrás que hacer lo que pocos hacen: concéntrate en tu matrimonio como un jardín viviente y en crecimiento, que requiere de tu trabajo de siembra, riego y desmalezado.

Lo vemos desde el principio. En el jardín de Edén, Dios creó a Adán y luego a Eva. Dios dijo que el hombre dejaría a su padre y su madre para unirse con su mujer y que fueran una sola carne (Génesis 2:24). La palabra que se traduce como «unir» es el término hebreo *dabaq*. Significa adherir, aferrar, atrapar (luego de una persecución), buscar con afecto y devoción. En otras versiones de la Biblia, también aparece esta palabra. Destacaré las que derivan de *dabaq*.

«Está mi alma *apegada* a ti» (Salmo 63:8, RVR60).

«*Pegado* está el uno con el otro; están trabados entre sí, que no
se pueden apartar» (Job 41:17, RVR60).

«Continuaron *persiguiéndolos* hasta Guidón» (Jueces 20:45,
NVI).

Debiéramos seguir pegados o trabados, persiguiendo a nuestro
cónyuge con la misma pasión y fervor que expresábamos cuando
éramos novios. Antes del matrimonio, el hombre y la mujer suelen
buscarse, apegarse. Y natural-
mente, los hombres en general
van tras su potencial esposa. Por
desdicha, los hombres son caza-
dores. Cuando logran atrapar a
su presa (se casan), algunos buscan cazar una nueva presa (una
carrera o pasatiempo). No podemos dejar que suceda eso en nuestras relaciones. Puede parecer anormal seguir comportándose como
novios después del casamiento, pero con eso impedirás conformarte
con lo normal.

**Si quieres salir de la norma
y tener lo que pocos tienen,
tendrás que hacer lo que
pocos hacen.**

No es que la mayoría quiera tener matrimonios fallidos, doloro-
sos y penosos. Es más, adivino que la mayoría de las parejas esperan y
hacen planes para que sus matrimonios sean plenos, ricos y significa-
tivos. Y cada una de las partes seguramente tiene buenas intenciones.
Pero con las buenas intenciones nada más no se llega muy lejos.

¿Has notado que solemos juzgar a los demás por sus acciones,
pero a nosotros mismos nos juzgamos por las intenciones? Esto vale
en especial para la relación conyugal.

Si Amy olvida nuestro aniversario (algo que nunca, jamás, sucederá), yo la juzgaría por sus acciones y diría: «No te importó». Pero
si soy yo el que lo olvida, intentaré defenderme: «Ah, iba a hacer algo
especial, pero estuve muy ocupado, ¿recuerdas ese libro que tenía que
escribir? De veras quería llevarte a pasar un fin de semana romántico

¿Has notado que solemos juzgar a los demás por sus acciones, pero a nosotros mismos nos juzgamos por las intenciones? en esa linda hostería que tanto te gusta, pero lo olvidé. Me crees, ¿verdad?». Para que tu matrimonio sea maravillosamente diferente, tendrás que cerrar esa brecha que hay entre las intenciones y los hechos.

SOLO HAY QUE DECIRLO

Eso nos lleva a la comunicación. No hace falta pensar mucho para saber que esta es un ingrediente esencial en cualquier relación saludable. Sin embargo, en el matrimonio hay que hacer un esfuerzo para seguir trabajando en la comunicación día tras día, año tras año. ¿Notaste esos pequeños gestos que solo tú y tu cónyuge usan para comunicarse? Ya sabes, como para indicar cuándo irse de una fiesta, que te tocas la oreja y así se lo haces saber. Son señales, o ademanes, que solo se van formando con el tiempo y la familiaridad. Lo malo es que muchas veces permitimos que remplacen a la comunicación intencional, significativa, específica.

Si eres hombre, te resultará especialmente útil conquistar a tu esposa con palabras de afecto. Los tipos normales lo hacen cuando están de novios, pero después de la boda, poco a poco lo olvidan. No seas normal. Las mujeres necesitan especialmente de ese afecto no sexual (oigan, muchachos, tal vez se pregunten qué es eso, así que lo digo con claridad: a-f-e-c-t-o n-o s-e-x-u-a-l. Es el afecto que no busca algo más. ¡Y sí, existe!). Muchos hombres normales dejan de decirles cosas lindas a sus esposas. Y como consejero, les recomiendo a los hombres que añadan una palabra a su expresión de amor: *porque*.

La próxima vez que le digas «Te amo», agrega la palabra *porque*. «Te amo porque…» y completa el resto. Dile algo específico, que sea especial para ti. «Te amo porque eres fiel». «Te amo porque eres mi mejor amiga». «Te amo porque sacrificaste tu carrera para darnos una familia». «Te amo porque tienes sentido del humor».

Esa es la clave. Añade siempre la palabra *porque*, pero nunca repitas la razón. Sé creativo. Y sincero. Y cada vez que se lo digas, añade algo diferente detrás del *porque*.

A las damas les digo que así como necesitan que sus esposos les digan palabras de afecto, ellos necesitan aprobación, expresada con palabras. Muchos tal vez parezcan hombres confiados en sí mismos, pero la mayoría (y me incluyo) somos muy inseguros. Vivimos en un mundo que nos taladra la cabeza diciendo: «Eres bueno si logras algo». Si fuiste el vendedor del mes, ¿qué pasará el próximo mes? Y si tu presentación en la última junta de directores fue buena, ¿qué harás el mes que viene? Si ganaste el veinte por ciento en tu último proyecto, ¿podrás ganar veinticinco en el próximo? Para los hombres, la autoestima muchas veces se evapora cuando queda en el pasado nuestro logro más reciente.

En muchos aspectos, el esposo está en el proceso de convertirse en eso que su esposa ve en él. Como es ella la que mejor lo conoce, más que nadie, si le dice que no sirve para nada, él lo creerá. Y si ella piensa que es maravilloso, empezará a creer que puede lograr lo que sea. (Tal vez no creas en él tanto como antes. Si es menos de lo que esperas, tu falta de fe —aunque merecida— no va a servir de mucho. Si puedes afirmarlo en algo, ¡hazlo!).

Para los hombres, la autoestima muchas veces se evapora cuando nuestro logro más reciente queda en el pasado.

En mi tipo de trabajo hay muchos críticos. Es fácil atacar a un pastor por diferentes razones. Si mi esposa no me alentara, yo podría sentirme mal, desilusionado, pesimista y con dudas respecto de mí mismo. Pero como la mujer que me conoce íntimamente, más que nadie, cree en mí (y me lo dice con frecuencia), puedo descartar las voces negativas y seguir haciendo cosas geniales.

Muchachas, tal vez quieran saber algo: «¿Me ama hoy?». (Muchachos, díganles que las aman y por qué). Al mismo tiempo, los chicos quieren saber: «¿Crees en mí?». (Chicas, díganles que sí).

Por último, si quieres mejorar la calidad de tu matrimonio en una forma anormal, sorprende a tu cónyuge ayudando sin que te lo pidan, ni te lo digan ni te insistan. He descubierto, después de muchos intentos con ensayo y error, que una de las cosas más románticas para las mujeres es que los hombres las ayuden. ¡Así es! Y no hablo de regalarles flores o chocolates (aunque eso también es lindo). Hablo de eso antiguo de involucrarse y ayudarla. De aspirar la alfombra. De limpiar la mesa. De doblar la ropa. Bañar a los niños. Sacar la vajilla de la máquina lavadora.

Una de las cosas más amorosas que hace Amy por mí es ocuparse totalmente de los niños los fines de semana para que yo pueda concentrarme en la predicación. Hace literalmente todo para que yo pueda prepararme en oración. Como vivimos a un ritmo tan vertiginoso, es fácil sentir lástima de nosotros mismos y pensar: «Si ella supiera qué día tuve hoy en el trabajo». O «Si él supiera los

El esposo está en proceso de convertirse en aquello que su esposa ve en él.

malabarismos que hice para tratar de limpiar las alfombras, mantener afuera a los chicos y pagar las cuentas». Así que, normalmente, terminamos sintiendo que estamos justificados si ignoramos, posponemos o nos negamos a ayudar. El matrimonio requiere servir al ser amado con el desinteresado amor de Cristo. Y eso incluye acciones de servicio, trabajar juntos, incluso cuando no sea fácil o conveniente.

Recuerda que para tener lo que nunca tuviste, tienes que hacer lo que nunca hiciste. Pero para tener lo que tenías, tendrás que hacer lo que hacías. Jesús le dijo a la iglesia de Éfeso en Apocalipsis 2:5: «¡Recuerda de dónde has caído! Arrepiéntete y vuelve a practicar las obras que hacías al principio». En el matrimonio, sé que hay quienes tienen que arrepentirse —disculparse— y hacer las cosas que hacían al principio.

Si estás casado, es factible que en algún momento del pasado tuvieras algo bastante especial. ¿Qué pasó? Lo más probable es que hayas caído en la trampa de lo normal, y que la vida haya ahogado todas esas cosas que hacían que tu matrimonio marchara.

Medita un momento en lo que solías hacer, y empieza a hacerlo de nuevo. Tal vez quieran ver juntos la película *Top Gun* de nuevo y aprender de memoria las frases más románticas. O quizá les haga falta divertirse y reír juntos. O hablar de cosas que temían decir.

Al principio te parecerá anormal. Pero insiste. Lo anormal es bueno. Porque lo normal no está marchando. Oro que Dios te bendiga con un matrimonio maravillosamente anormal.

Capítulo 8

LA MIRA EN EL OBJETIVO EQUIVOCADO

No te preocupes porque tus hijos nunca te escuchen.
Preocúpate porque siempre te están observando.

—Robert Fulghum

Una noche mi hija Catie entró corriendo a nuestra habitación para acusar a su hermanita:

—¡Mami! ¡Papi! ¡Mandy dijo una palabra muy, muy mala! —afirmó sin tomar aliento.

Acostumbrados a lo dramático, Amy y yo le pedimos con calma que nos dijera cuál era esa *muy mala* palabra. La hermana mayor de Mandy dudó.

—Es muy fea. No puedo repetirla —expresó con seriedad.

Amy insistió con ternura.

—Catie, ¿puedes decirme con qué letra empieza la palabra?

La angustiada acusadora se inclinó y susurró:

—Mami, Mandy dijo «HP».

Como la pequeña solo tenía seis años, eso nos llamó la atención. Tratando de no mostrarnos escandalizados, nos preguntamos dónde habría oído esa expresión. Así que Amy le dijo tranquilamente:

—Te prometo que no vas a tener problemas, pero… ¿podrías decirme qué quiere decir HP?

Catie se resistía al principio, pero como la animamos, susurró muy bajito:

—Todo el mundo lo sabe. Quiere decidir Hewlett Packard, eso que dicen en las propagandas de la televisión.

Hasta hoy, no podemos decidir si sentirnos avergonzados o divertidos por eso. De todos modos, cada vez que lo recordamos, nos hace reír.

EL TERRENO CENTRAL

Como soy pastor desde hace más de veinte años, me he cruzado con una variedad de familias y estilos de crianza. Desde las familias muy tradicionales con papá como único proveedor, mamá como ama de casa y los dos chicos (una niña y un niño que parecen fotocopias en miniatura de sus progenitores), hasta familias monoparentales en que o la madre o el padre tienen que cargar con toda la responsabilidad de criar a los hijos. He conocido familias de razas mixtas, por adopción o por la etnia de los padres, y familias combinadas que competirían con la familia Brady [la del antiguo y famoso programa televisivo «La tribu de los Brady»]. Pero más allá de lo diverso que pueda hacerse evidente a la vista, descubrí que casi todos los padres y madres tienen los mismos problemas e intereses en cuanto a criar a sus hijos.

Es posible que alguien argumente: «Craig, ¿no crees que has estado resguardando demasiado a tus hijos como para que uno de ellos piense que HP significa Hewlett Packard?». Es probable que tengan razón. Porque, seamos sinceros, cuando se trata de ser padres y madres, a casi nadie le gusta que sus hijos sean anormales o que tengan poca capacidad para relacionarse socialmente. Por cierto, no queremos paganos rebeldes que terminen en la cárcel por vender drogas antes de que tengan suficiente edad para votar. En vez de ser demasiado permisivos, o legalistas y estrictos, por lo general sentimos que es más cómodo adaptarnos y criar a los chicos como los crían los demás.

Es claro que son pocas las familias que quedan al margen de eso y se van a los extremos (estos ejemplos se pueden ver donde se trasmite el programa televisivo «¿Quién cambia a quién? Intercambio de esposas»). Las hay que educan a sus hijos en casa [bajo el sistema de educación en el hogar estadounidense llamado Homeschooling], y que no les permiten ver televisión, ni ingerir comida «chatarra», ni jugar con amigos o enterarse de lo que sucede en el mundo real.

Queremos proteger a nuestros hijos, pero no nos gusta ser anormales en ese sentido.

Al mismo tiempo, tampoco nos vamos al extremo opuesto. Hay padres permisivos que dejan que sus hijas de trece años salgan con chicos que conducen autos, y cuyos hijos varones de quince años viven mirando pornografía en la Internet (también lo hacen sus padres, y no por eso son violadores ni nada). Son familias sin reglas y sin límites. Habrá quien diga que ni siquiera hay padres en esas familias, ya que estos son más amigos o compinches que figuras de autoridad.

Amamos a nuestros hijos y queremos darles libertad, pero no al punto que les cause daño.

Algunos padres son anticuados y hacen que sus hijos trabajen casi como esclavos. Sus hijos se levantan temprano, responden con un: «Sí, señor» y un «Sí, señora», y trabajan a cambio de todo lo que reciben.

Aunque podemos creer en el valor del esfuerzo, no tenemos que torturar a nuestros hijos. Después de todo, queremos que tengan infancia.

Y luego está el otro extremo. En vez de mandar a trabajar a los hijos, estos padres los malcrían y consienten. Sus príncipes y princesas no levantan ni un dedo, jamás. Si quieren jeans marca Rock and Republic, sus padres les compran dos pares. Y si quieren un teléfono, no les dan el modelo gratis, sino el último iPhone con plan de uso ilimitado. En su decimosexto cumpleaños el regalo es un auto más lindo del que pueden llegar a pagar sus maestros en la escuela.

Por supuesto que amamos a nuestros hijos y queremos proveerles cosas, pero no tenemos que malcriarlos como lo hacen algunos.

La mayoría de las personas, incluyendo a los cristianos, tiende a evitar esos extremos para ubicarse más o menos en el centro. Las comparaciones nos hacen sentir más cómodos. Como somos buenos progenitores, nos apartamos de esos malos extremos y por eso ni protegemos demasiado a los chicos ni les damos excesiva libertad. Nos esforzamos por no ser demasiado exigentes, ya que no queremos que se conviertan en bribones y holgazanes, buenos para nada, pero arrogantes al exigir lo que creen son sus derechos. Por eso nos apartamos de los extremos y apuntamos al centro.

El problema es que apuntamos al centro con la mira equivocada.

EL MEJOR DEL MUNDO

Si les preguntas a la mayoría de los padres qué es lo que quieren para sus hijos, oirás más o menos lo siguiente: «Solo quiero que mi Brandon y mi Kendra disfruten de la vida». «Como Johnny está en el equipo de fútbol itinerante, esperamos que llegue a jugar en la universidad algún día». «Intentamos darles a Ginger y Gabe más oportunidades de las que tuvimos nosotros». «Espero darle una buena educación a Bethany y que pueda luego conseguir un empleo con un gran salario». «Oramos que Ketric se mantenga lejos de las malas compañías para que no termine enredado en cosas malas». «Si Shannon estudia mucho, creo que podrá entrar en la facultad de medicina. Sería un sueño hecho realidad». «Keisha sigue trayendo chicos malos a casa. Solo esperamos que se case con un buen hombre».

Ninguno de esos deseos es malo. En efecto, todos esperan cosas buenas para sus hijos. Si ese es el blanco y tus hijos dan en el centro, te sentirás feliz. Por lo menos eso sentirá la mayoría de las personas normales.

Sin embargo, Dios no nos llamó a estar en el centro de lo que el mundo llama «éxito». Es más, si a nuestros hijos les va bien en todos los aspectos de lo normal, de todos modos quizá yerren el tiro y no sean aquello que Dios quiere que lleguen a ser. Jesús dijo: «¿De qué le sirve a uno ganar el mundo entero si se pierde o se destruye a sí mismo?» (Lucas 9:25). Si criamos a nuestros hijos para que sean adultos que sepan conducirse, que tengan comodidad material y éxito profesional, pero sin conocer a aquel que los creó, de modo que no vivan para él, entonces todo el éxito del mundo será para nada. El Salmo 127 nos dice que nuestros hijos son como flechas en manos de un guerrero. ¿Y si estamos apuntando nuestras flechas en la dirección equivocada?

Lo normal es afanarse por estar en el centro del estilo de vida mundano.

Lo anormal es vivir para estar en el centro de la voluntad de Dios.

EL CENTRO DE LA VOLUNTAD DE DIOS

Tenemos que entender que cuando se trata de criar a los hijos, no hay garantías. A veces, los padres y las madres cristianos crían hijos que son creyentes firmes. Sin embargo, he visto cristianos firmes y consagrados criar hijos que al final se volvieron verdaderamente ángeles caídos. (Cuando era chico siempre oí decir que los hijos de los predicadores eran los peores). Al mismo tiempo, he visto surgir cristianos sinceros y muy consagrados de familias que no tenían ni visos de amor a Dios ni vida cristiana. No existen las fórmulas a prueba de todo en materia de crianza. Pero aunque no hay garantías, sí hay determinados principios bíblicos a los que apuntamos.

En vez de tratar de guiar a nuestros hijos para que se parezcan a quienes los rodean, debiéramos guiarlos para que se parezcan a Cristo. Romanos 12:2 dice en la Traducción en Lenguaje Actual: «Y no vivan ya como vive todo el mundo. Al contrario, cambien de manera de ser y de pensar. Así podrán saber qué es lo que Dios quiere, es decir, todo lo que es bueno, agradable y perfecto».

Cuando Jesús invertía en sus discípulos (o podríamos decir, criaba a los hijos de Dios), los desafió a ser diferentes, a apartarse, pero jamás les dijo que se ocultaran en una cueva para estar a salvo. Es más, cuando Jesús vino, estaba lleno de gracia y verdad (Juan 1:14). Como padres, cuando guiamos a nuestros hijos con toda gracia, nuestra permisividad podría dar lugar a que ellos entraran y se aventuraran en lugares peligrosos, aceptando influencias dañinas. Por otra parte, si constantemente los guiamos con dureza, tirándoles la verdad por la cabeza, nuestra crianza dogmática podría producir hijos legalistas que luego tendrán tendencia a la rebeldía. Tenemos que guiarlos como lo hacía Jesús: con gracia y verdad.

Lo que haga el hijo del vecino no puede ser nuestro parámetro para lo que es bueno o malo. Lo que hagan los chicos del equipo de vóleibol no puede definir nuestro parámetro de la verdad. La moral de los chicos del *mundo real* no puede ser nuestra guía. Aunque es incuestionablemente rara, la Palabra de Dios es lo que debiera ser nuestra valla de contención en la vida. Ella nos impide salirnos del camino para entrar en el peligro de la tentación. Aunque algunos consideren que los parámetros de Dios son demasiado restrictivos, el creyente sincero los ve como amorosos y liberadores.

Con todo, la crianza y la comunicación de la verdad no son más que una parte de la ecuación. La otra valla de contención es la gracia. Puesto que nuestros hijos son humanos, han de fallar. Cuando lo hagan, necesitan el mismo amor y la misma gracia que Dios tiene con nosotros.

Muchos estudios y encuestas han documentado que hay chicos y chicas que terminan la escuela secundaria y la universidad y luego pierden la fe o se les debilita. Una encuesta reciente dirigida por America's Research Group reveló que el noventa y cinco por ciento de los cristianos evangélicos de entre veinte y veintinueve años asistían regularmente a la iglesia durante los años de la escuela primaria. Pero en la escuela secundaria el porcentaje bajaba a cincuenta y cinco, y entre los universitarios se reducía a once.[6]

El problema, entonces, no era solo haber dejado el hogar, con la consiguiente libertad de dormir hasta tarde y faltar a la iglesia. Parece más probable que esos estudiantes no estuvieran captando la relevancia de la iglesia, ni viendo lo importante de su fe a la luz de lo que viven en los ámbitos del hogar y la escuela. Se trata de chicos y chicas cristianos y cristianas. Lo cual nos dice que aunque los eduquemos en casa y hagamos todo lo que esté a nuestro alcance para fortalecerlos como creyentes, de alguna manera no parece que estuviéramos equipándolos muy bien.

¿Cómo podemos convertirnos en padres anormales? No es fingiendo ser perfectos, ni haciendo creer que tenemos todas las respuestas. Más bien, tenemos que dejarles ver nuestras dificultades, así como nuestros puntos fuertes. Los padres y madres que son anormales no solo intentan reflejar el carácter de Dios a diario, sino que también muestran su humanidad, con sus propias preguntas, dudas y defectos. Hablan de las respuestas a sus oraciones y también de las oraciones no respondidas. Pierden los estribos y tienen la suficiente humildad como para pedir perdón. Es imposible ser buenos padres si no dependemos de Dios para tener la fuerza, la paciencia, el rumbo, la sabiduría y el discernimiento que nos permitan enseñarles a nuestros hijos a hacer lo mismo.

Una vez que íbamos a salir, Amy se retrasó y toda la familia estaba esperando en la camioneta. Llegaríamos veintitrés minutos tarde (cuando estás enojado cuentas los minutos con exactitud: no veinte ni veinticinco… ¡sino veintitrés!). Estaba tan frustrado porque llegaríamos tarde a una reunión importante que pisé el acelerador e hice rugir la camioneta como si fuera un Mustang GT. Cuando Amy me dijo que me calmara y no fuera tan rápido, aceleré a propósito. Y cuando pasé de largo por donde debía doblar, hice un giro en U en medio de una calle de cuatro carriles (lo que aprendí en la película *Los duques de Hazzard*). Los pobres chicos se cayeron hacia un lado y gritaron asustados. Al enderezar el auto, no se oía un solo ruido. Nadie hablaba. Nadie se movía. Nadie respiraba.

Finalmente, mi hija mayor —que en ese momento tenía doce años— dijo: «Papi, tienes que detenerte para que mami te dé una buena tunda».

Tenía razón. Porque su papi, pastor y hombre de Dios acababa de portarse como un total ya sabes qué. Lo único que podía hacer era asumir mi responsabilidad y pedir perdón: «Papi metió la pata. Lo siento. Lo que hice está mal. ¿Me perdonan, por favor?», dije con la «cola» entre las piernas.

Por supuesto, todos me perdonaron y les cuentan a todos sus amigos lo de «una buena tunda». Pero lo más importante es que me trataron con la misma gracia con que yo los traté. Saben que no soy perfecto, ni finjo serlo. Pero además saben que amo a Dios y quiero hacer lo que a él le agrada. Cuando no lo hago, entonces me acojo a lo que todos debiéramos, pidiendo su ayuda y su perdón.

Somos anormales como padres y madres cuando nos enamoramos de Cristo cada vez más. Cuando queremos ser como él, cuando mostramos su naturaleza. En vez de imponerles a nuestros hijos los parámetros que adoptamos como propios (o nuestra falta de parámetros), somos para ellos un modelo de la vida que busca imitar a Cristo.

Cuando le pregunté a mi hijo mayor qué quería ser cuando fuera grande, me hinché de orgullo al oír su repuesta:

—Papi, quiero hacer lo que haces tú.

—¿Así que quieres ser predicador? —pregunté, imaginando ya la astilla del mismo palo.

—No, papi —respondió Sam—. Cuando sea grande, quiero ser como tú: el mejor papá del mundo.

Yo quiero ser como mi Padre celestial, porque mi hijo quiere ser como yo.

DECLARACIÓN DE INDEPENDENCIA

Hace poco nuestra hija menor, Jojo, me dijo que ya estaba lista para deshacerse de las «rueditas de la bicicleta». Después de enseñarles a cinco chicos a montar sus bicicletas, sentí una mezcla de alegría y tristeza, sabiendo que sería mi última ronda de correteos al lado de un pequeñín asustado pero confiado, alentándola a andar solita por primera vez, algo que inevitablemente se vería seguido por su primera caída.

—¡No me dejes caer, papi! —gritó entusiasmada Jojo mientras pedaleaba delante de la entrada del garaje.

—Papi te sostiene —le dije para que se sintiera segura—. Papi te sostiene.

En minutos, avanzó de manera sinuosa, titubeante, pero empezaba a darse cuenta de cómo funcionaba. Entonces solté la bicicleta, pero seguí corriendo junto a ella, muy cerca, al lado de mi bebita ciclista.

Parece que fue ayer que la sostenía en brazos en el hospital. Y con solo pestañear, aquí tenía ya cinco años y montaba su bicicleta rosada tipo Barbie por la entrada de casa —y solita— gritando:

—¡Puedo hacerlo sola! Papi, no te necesito. Ya no te necesito.

Me encantaba oír esas palabras, pero al mismo tiempo las odiaba.

Como padres a veces nos hallamos dando tumbos por la vida, con el piloto automático activado, sencillamente tratando de vivir día a día. Así que tal vez tengamos que detenernos un momento para aclarar nuestro rol como padres y madres.

Es obvio que tenemos las más grandes esperanzas con nuestros hijos, pero no estamos seguros de cómo ayudarlos a alcanzar esos sueños de que caminen con Dios. Cómo lograr que los chicos terminen

> **Nuestra mayor prioridad como padres cristianos es ir transfiriendo en forma gradual la dependencia de nuestros hijos de nosotros a Dios solamente.**

en determinado lugar, a propósito, pensando en el destino desde el principio. Para hacerlo, tendrás que poder definir tu prioridad número uno como padre o madre y reforzar eso constantemente.

¿Cuál es la prioridad número uno? Creo que como padres y madres cristianos nuestra mayor prioridad es ir transfiriendo en forma gradual la dependencia de nuestros hijos de nosotros a Dios solamente. Aunque parece sencillo, ayudar a tus hijos a pasar con gracia de la niñez a la vida adulta es una vocación profunda, para toda la vida, un desafío.

Cuando son pequeñitos, los hijos dependen de nosotros para todo. No pueden comer sin nosotros, ni encontrar su cuna sin nosotros, ni vestirse ni cambiarse los pañales. Pero si hacemos nuestro trabajo, poco después ya pueden comer solitos, ir al baño solos y prepararse para la cama sin ayuda. (Si tus hijos todavía son pequeños, ¡no pierdas las esperanzas!).

Si somos padres y madres fieles, vamos a ir enseñándoles a hacer las cosas sin nosotros. Pero nuestro objetivo no debiera ser el de criar chicos totalmente independientes. Más bien, debe ser criarlos para que dependan, no de nosotros ni de nadie más, sino del verdadero Señor Dios. Él es el único que sabe lo que es mejor para ellos y que puede guiarlos a su perfecta voluntad.

Por sobre todo lo demás, con el tiempo debiéramos enseñarles a nuestros hijos lo que significa depender de Dios y cómo se depende de él.

Deuteronomio 6 destaca esta verdad: «Éstos son los mandamientos, preceptos y normas que el Señor tu Dios mandó que yo te enseñara, para que los pongas en práctica en la tierra de la que vas a tomar posesión, para que durante toda tu vida tú y tus hijos y tus nietos honren al Señor tu Dios cumpliendo todos los preceptos y mandamientos que te doy, y para que disfrutes de larga vida» (vv. 1-2). Esto no es un repaso rápido para el examen de geografía del martes. Es un doctorado en el aprendizaje que dura toda la vida acerca de cómo impartirlas la verdad y los mandamientos de Dios a nuestros hijos.

Este tipo de educación debiera considerarse infinitamente más elevada e importante que las calificaciones perfectas en los exámenes de ortografía, o que lograr dos goles en un juego de hockey, o que ser primera flauta en la orquesta de la escuela.

No importa con qué frecuencia la reconozcamos como la prioridad más importante, es difícil vivirla en el día a día. Y si no ponemos toda la intención en impartirles a nuestros hijos el legado espiritual, puedo asegurarte que nuestro enemigo espiritual vive todo el tiempo pergeñando planes para desviar a nuestros hijos de lo bueno y mejor que Dios tiene para ellos, dirigiéndolos hacia lo destructivo. Por desdicha, su método implica a menudo desviarnos del deseo de nuestro corazón para que nos conformemos con lo que es normal, en lugar de buscar lo mejor que Dios tiene para nosotros.

Nuestro objetivo no es criar chicos que puedan soportar las películas prohibidas para menores y aun así ser adolescentes productivos, ni criar chicos tan sobreprotegidos que piensen que HP significa Hewlett Packard. Más bien, oramos que nuestros hijos al crecer ya no nos necesiten, sino que necesiten a Dios y lo conozcan íntimamente, y que luego, por su parte —y en su gracia y verdad— tengan fuerzas como para decir que no a las influencias peligrosas y a la tentación, viviendo con la gracia de amar a los que no viven en la verdad que ellos sí abrazan y albergan en sus corazones.

CRIANZA ORGÁNICA

Lo mejor que puedes hacer por tus hijos es mostrarles que Dios obra en ti día a día. Me encanta la práctica enseñanza de Deuteronomio 6:6-9: «Grábate en el corazón estas palabras que hoy te mando. Incúlcaselas continuamente a tus hijos. Háblales de ellas cuando estés en tu casa y cuando vayas por el camino, cuando te acuestes y cuando te levantes. Átalas a tus manos como un signo; llévalas en tu frente como una marca; escríbelas en los postes de tu casa y en los portones de tus ciudades».

Puedes realizar todo esto que nos anima a hacer la Palabra de Dios. Son cosas que pueden formar parte de tu estilo de vida y, en verdad, solo serán realmente eficaces si son parte de tu cotidianidad. Los niños enseguida perciben nuestros verdaderos sentimientos y motivos, así que la única forma de ser padres y madres verdaderamente anormales, transformadores de vida, es expresar tu fe de manera patente, orgánica.

Habla de Dios con tus hijos por la mañana, camino a la escuela. Hazles saber cuándo oras por ellos durante el día, y comunícales una verdad importante de las Escrituras cuando vuelven a casa de la clase de danzas. Pega un versículo de la Biblia que te gusta en la pared junto a los retratos de sus artistas preferidos, como Miley Cyrus y Justin Bieber. Cuéntales cuál fue la parte más difícil de tu día, adaptándola a su edad, y diles de qué manera puedes relacionar eso con tu confianza en Dios. Que las conversaciones espirituales formen parte de la vida cotidiana.

Puedes hacerlo en diversas formas. En nuestra familia, la cena es una fiesta diaria (con ocho personas, toda comida es una fiesta). En los días buenos, todos ayudamos a preparar la comida (y nadie se va hasta que quede limpia la cocina). Cuando nos sentamos a la mesa, comenzamos con una oración. Y todas las noches, cada uno de nosotros cuenta algo de su día, lo más importante. En cada una de esas cosas celebramos la bondad de Dios. Desde allí nuestras conversaciones pasan con naturalidad a los versículos de la Biblia y las conversaciones espirituales.

Lamentablemente, es algo muy normal separar la vida espiritual de la cotidiana. En realidad no hay distinción, ya que todo lo que hacemos es espiritual: estudiar para un examen, jugar a la pelota, ir a la casa de los abuelos. Necesitamos a Dios en todos esos momentos y lugares, en especial si tienes seis hijos y un perro, todos dentro de una camioneta. Si bien la gente normal separa su vida en compartimentos (escuela, hogar, deportes, trabajo, amigos y, ah sí, la iglesia y lo espiritual), la gente anormal sabe que todo es espiritual. No recordamos a Dios en oración solamente cuando el día finaliza. Vivimos conscientes de él momento a momento. Dios no forma parte de nuestras vidas. Dios es nuestra vida.

LA LISTA DE CRAIG

Si no hemos de ser demasiado permisivos ni excesivamente restrictivos con nuestros hijos, ¿cómo encontrar ese maravilloso y raro punto que está en el medio? Proverbios 22:6 dice: «Instruye al niño en el camino correcto, y aun en su vejez no lo abandonará». Aquí, «instruye» es el término hebreo *chanak,* que significa iniciar, dedicar o enseñar. No debemos ser duros, manipuladores ni controladores con nuestros hijos, más bien debemos esforzarnos por entrenarlos y educarlos de acuerdo con la Palabra de Dios. Este es un proceso activo y dinámico que se vive a diario en todas las áreas de la vida, y no un ejercicio para memorizar versículos e ir a la iglesia todas las semanas.

El libro de Proverbios contiene muchísima sabiduría para los progenitores. Amy y yo tomamos de este libro siete áreas clave que conforman gran parte de nuestro centro de atención para educar a nuestros hijos en los caminos de Dios actualmente. Como varias de ellas aparecen con mayor detalle en esta obra, o incluso tienen capítulos propios, solo te daré una versión breve de la lista de Craig:

1. *Enseñarles a administrar el dinero de Dios (Proverbios 3:9-10).*
   Ya lo mencioné antes, pero no puedo dejar de destacar lo importante que es educar a la próxima generación para que sea económicamente responsable. Son la generación que se cree con más derecho a todo en la historia de nuestro país, tal vez porque han visto que nuestra generación toma préstamos para comprar cualquier cosa que queramos... ¡al instante! La gratificación demorada y la mayordomía sabia les serán de provecho para toda la vida.

2. *Educarlos para que sepan elegir amigos con cuidado (Proverbios 13:20).* La Biblia lo afirma con claridad: las malas compañías corrompen la buena moral (1 Corintios 15:33). Los amigos pueden construir o destruir la vida de un chico o una chica. Tal vez no siempre podamos controlar el tipo de presión que los compañeros ejercen sobre nuestros hijos en algunas situaciones, pero sí podemos influir en el modo en que eligen a sus amigos e interactúan con ellos mientras van avanzando hacia la adultez.

3. *Enseñarles a cuidar sus palabras (Proverbios 4:24).* De la abundancia del corazón habla la boca (Lucas 6:45). Si nuestras palabras no honran a Dios ni a las personas, tenemos un problema en el corazón que resonará en muchas otras áreas y también en nuestras relaciones. Las palabras tienen un poder enorme, en particular las que usamos los padres con nuestros hijos. Tenemos que enseñarles a hablar palabras de vida, no de destrucción.

4. *Enseñarles a ser responsables (Proverbios 6:6-8).* Hemos decidido no darles dinero mensualmente a nuestros hijos por no hacer nada. Tienen tareas de la casa asignadas y esperamos que las cumplan. Fuera de estas tareas, pueden ganar dinero por distintos trabajitos. Tal vez uno sienta que les hace un favor al darles dinero cada mes, solo por estar allí, o comprándoles lo que pidan, pero en última instancia podríamos estar desprotegiéndolos para el resto de sus vidas.

5. *Enseñarles a guardar sus mentes (Proverbios 23:7).* Nuestros pensamientos les dan forma a nuestras emociones, decisiones y acciones. La forma en que pensamos, y en qué cosas pensamos, les dan dirección a nuestras vidas. Aunque es normal que nos acosen las ideas negativas, intentamos ayudar a nuestros hijos para que aprendan a no dejarse llevar por los pensamientos malos, sino que al contrario obedezcan a Cristo (2 Corintios 10:5).

6. *Enseñarles a ser generosos (Proverbios 11:25).* El ser humano es egoísta por naturaleza (¿Has estado últimamente con un pequeñín de dos años? Siempre dicen: ¡Mío!). Sin embargo, cuando damos es cuando más nos parecemos a Dios. La generosidad es un don que se puede alimentar. La persona generosa siempre será bendecida.

7. *Enseñarles a reverenciar y temer a Dios (Proverbios 1:7).* Hoy es muy normal que la gente viva sin respetar ni reverenciar a Dios. Pero sabemos que en el temor y la reverencia a Dios está el principio de la sabiduría (Salmo 111:10). Si no tememos ni reverenciamos a Dios, es porque no lo conocemos.

La crianza de los hijos es uno de los dones más difíciles, laboriosos, ricos y gloriosos que Dios nos confía. Pero para amar bien a nuestros hijos, algo que todo padre anhela, tenemos que elegir ese camino angosto que está entre las puertas más fáciles y anchas, que llevan a todo o nada. Dios nos creó como hijos suyos, exclusivos, individuales; y nos ama de esa manera, como nunca podremos imaginarlo. Nos ama tanto como para darnos la libertad de elegir la manera de responder a su amor y su persona. No somos robots, androides, clones ni accidentes.

Tenemos que amar a nuestros hijos con la misma combinación de devoción y autonomía, equilibrando la gracia y la verdad. Es normal que descuidemos la crianza porque trabajamos sesenta o setenta horas a la semana. Y es normal malcriarlos con todo lo que puede ofrecer el mundo, o negarles todo. Es normal sentir terror en cuanto a estropearles las vidas, y también las nuestras, como para fallar a veces.

Pero con todo, estamos llamados a ser padres y madres maravillosamente anormales: comprometidos con nuestros hijos plenamente en cada momento de cada día. Padres y madres que navegan con sus hijos por las corrientes de la cultura y usan la brújula de la Palabra de Dios, que vencen su temor con amor. Esa es mi definición de valentía. Y también mi definición de lo que es ser anormal.

Capítulo 9

SI POR
FAVOR

El arte de complacer es el arte del engaño.

—Antiguo proverbio francés

C uando yo era chico, las etiquetas de tu ropa determinaban tu destino. Indicaban quién ocupaba la mejor mesa en la cafetería y quién no. Revelaban quién tenía dinero como para poder comprar la ropa de las mejores marcas en el centro comercial, en lugar de la ropa barata de Wal-Mart. Las etiquetas adecuadas revelaban quién estaba al tanto de las últimas tendencias y estilos, qué era lo de «moda» y qué era (y quién estaba) «pasado de moda».

Ya cuando pasé a la escuela secundaria, los que estaban a «la moda» vestían Izod, la marca más conocida hoy como Lacoste. Podías reconocer al instante esa marca clásica por el inconfundible lagarto, siempre perfectamente ubicado en cada camiseta o prenda.

Todos los chicos «*en onda*» de mi escuela tenían el lagarto costoso, excepto yo.

No era que mis padres no apreciaran mi dilema en cuanto a la moda. Siempre quisieron darme lo mejor. Pero sencillamente, no podíamos darnos el lujo de comprar esos costosos reptiles. Esperando resolver el problema para conseguirme un lugar en la mesa de los chicos en onda a la hora del almuerzo, mi mamá tuvo un ingenioso plan.

Buscó y buscó hasta que encontró el gran premio: un par de medias Izod en una venta de artículos usados. Por apenas veinticinco centavos de dólar compró dos cocodrilos (que estaban pegados a las medias), cada uno precisamente del mismo tamaño que sus carísimos hermanos ubicados en las camisetas. Luego, en una tienda barata, me compró una camiseta con cuello tipo polo y, con la precisión de un cirujano, quitó el cocodrilo de una media y lo cosió a la camiseta.

Al día siguiente, entré en la clase con mi camiseta Izod de imitación, doblemente orgulloso porque había costado más o menos la décima parte de lo que costaba la verdadera. Pero para la segunda hora, mi amigo Travis notó que mi reptil estaba apenas torcido en una esquina y gritó: «Oigan, vean esto… ¡Groeschel lleva puesta una Izod *falsa!*». A pesar de los esfuerzos de mamá, mi cocodrilo torcido me delató. No hace falta decir que el escándalo de los falsos cantantes del grupo Milli Vanilli cantando con *pista* no fue nada comparado con el infame incidente de la Izod de Groeschel.

LA ENFERMEDAD DE COMPLACER

Durante la adolescencia, la implacable necesidad de pertenecer y encajar en el grupo de compañeros puede llevarnos a tomar medidas extremas, muchas veces más dañinas que mi humillación con la camiseta falsa. Muchas personas empiezan a probar el

Cuando ubicamos la aprobación ajena por delante de lo que sabemos que agrada a nuestro Padre, estamos creando un ídolo falso.

alcohol, las drogas o el sexo premarital en su adolescencia solo para sentirse normales, para sentir que pertenecen.

Los estudios muestran que los adolescentes sin una fuerte identidad familiar, o sin un rol en un grupo de orientación positiva como un equipo deportivo o coro, son más susceptibles en cuanto a hacer lo que sea con tal de encajar en cualquier grupo que esté dispuesto a aceptarlos.

Por desdicha, querer complacer a nuestros amigos y hacer lo que sea para encajar en el grupo, no termina cuando salimos de la adolescencia. Todos queremos sentir que formamos parte del grupo de gente «correcto», más allá de con quién nos identifiquemos o queremos que nos identifiquen. Pero el problema surge cuando estamos dispuestos a negociar en dos aspectos vitales: (1) nuestra relación con Dios, y (2) nuestra relación con nosotros mismos.

Como ya hemos visto en diversos contextos, Dios quiere ser el primero en nuestras vidas, quiere estar antes que el dinero, antes que nuestro cónyuge, antes que cualquier otra persona, que cualquier otra cosa. Cuando ubicamos la aprobación ajena por delante de lo que sabemos que agrada a nuestro Padre, estamos creando un ídolo falso. No solo se verá coartada nuestra capacidad para conocer a Dios, sino que además estaremos en busca del huevo de oro, el cual no existe. Si solo vivimos para que los demás nos den su aprobación, nunca será suficiente.

También hay otra cosa que perdemos cuando vamos tras esa falsa ilusión: el respeto por nosotros mismos y la entereza del carácter. Si decidimos tantas veces actuar en contra de nuestras creencias y valores, estaremos minando nuestra propia autenticidad, nuestra integridad. O como lo dice Pablo en su Carta a los Romanos: «No entiendo lo que me pasa, pues no hago lo que quiero, sino lo que aborrezco» (7:15). Terminamos ubicando fragmentos de nuestras vidas en compartimentos y luego nos preguntamos por qué no nos sentimos plenos.

Una vez más, hablo en base a mi experiencia. Apenas pasados mis veinte años mi pastor principal enfermó y me pidió que predicara esa semana. Era el primer domingo del mes, cuando teníamos por costumbre celebrar la Santa Cena en la iglesia. De inmediato sentí esa conocida sensación de temor mezclado con entusiasmo, puesto que nunca había oficiado en ese servicio especial.

Antes de que comenzara, me ubiqué junto a la puerta del frente de la iglesia para saludar a la gente que entraba. Mientras asentía y sonreía en señal de bienvenida, mis pensamientos iban por otro carril, floreciendo con el fruto de la inseguridad: *¿Cómo saldrá todo hoy? ¿Les agrado a estas personas? ¿Podré ganarme su afecto si no les gusto? ¿Lo haré bien? ¿Sabré ser agraciado en los momentos adecuados y suficientemente espiritual en los otros? ¿Me aprobará mi pastor y se sentirá orgulloso?*

Al saludar a una señora mayor que subía la escalinata, noté que lo hacía con dificultad, por lo que me apresté a ayudarla. Mientras lo hacía, ella me dijo cuánto le gustaban los sermones de nuestro pastor principal. Asentí y luego le dije que el pastor no se sentía bien y que no iba a predicar ese día. La señora Williams se detuvo abruptamente y se volteó para preguntarme:

—¿Y quién va a predicar entonces?

—¡Yo! —dije con entusiasmo, consciente de que quedaría impresionada porque la había ayudado a subir los escalones.

—Entonces, ¿me ayudarías a bajar y volver al auto? Creo que hoy faltaré a la iglesia.

¡Ay! Si esa dulce ancianita no quiere oír mi predicación, entonces nadie más querrá hacerlo. Las dudas invadieron mi mente, pero ahora duplicadas. Ya era momento de comenzar con el servicio, sin embargo, no tenía manera de echarme atrás.

Además del voto de confianza de la señora Williams, era mi primera vez oficiando la Santa Cena. Estaba nervioso pensando quién más saldría del recinto, por lo que agradecí que mi larga vestimenta (la tradicional que se usa en nuestra iglesia) cubriera mis rodillas, que temblaban. Me dije que solo tenía que seguir adelante y acabar con eso.

En mi mejor estilo pastoral, levanté el pan de la Santa Cena con un gesto dramático por encima de mi cabeza, hacia el cielo. Y con voz de autoridad espiritual, pero sin levantar el volumen, proclamé: «Este es el cuerpo de Cristo, dado por ustedes». Mientras me oía decir esto, me sentí más confiado y pensé: *Todo va bien. Puedo hacerlo.*

Tomé el pan sin levadura con cuidado, con las dos manos, y rompiendo un trocito lo levanté y dije: «Tomen, coman el cuerpo de Cristo». Después de servirme a mí mismo, iba a ofrecerlo a la congregación. El único problema era que lo que tenía que haber sido apenas una esquinita de la hogaza era más bien del tamaño de una caja de galletas.

Entré en pánico. En lugar de una porción del tamaño de un bocado, lo que tenía en la mano era tan grande como para alimentar a una clase de infantes. No quería volver a romper el pan que simbolizaba el cuerpo de Cristo (y aclaro que no sabía lo que estaba haciendo) y me lo metí rápido en la boca. *Se siente como arena en la garganta*, pensé, y me pregunté qué podía hacer ahora.

Era obvio que no podía tragar todo lo que me había metido en la boca (te doy puntos extras si adivinas lo que pasó). Me saltaron las lágrimas a los ojos, mientras la congregación me miraba en silencio. Era todo un espectáculo. Sentí terror. *¿Cómo voy a poder tragarme todo esto? ¿Y si no lo logro? ¡Seré el hazmerreír de todos! Hombre, ¿cómo es que me metí en esta situación? ¡Qué tonto! Se lo dirán a mi pastor, y jamás podré volver a oficiar la Santa Cena.*

Sin poder tomar aliento, noté que ya no estaba sonrojado... ¡estaba morado! No tenía más opción que la de tratar de tragar todo el bolo que tenía en la boca. *Mastica y traga, despacio, mastica y traga...* me dije mientras la congregación no sabía si reír o aplicarme la compresión abdominal [conocida como técnica de Heimlich].

Pero iba de mal en peor.

De repente, el cuerpo de Cristo no podía decidir si bajaría o volvería a subir. Cierto que en dos mil años de historia cristiana nadie había vomitado el cuerpo de nuestro Señor y Salvador, por lo que estiré la mano para beber lo único que tenía disponible, que resultó ser... adivinaste... la sangre de Cristo. O al menos, el jugo de uva que la representa. *Glup*. Logré tragar lo que tenía en la boca, respiré hondo y dije: «¡Una vez más me ha salvado la sangre!».

La congregación estalló en un ataque de risa y aplausos.

EL PRÓXIMO ÍDOLO ESTADOUNIDENSE

Agradecido porque había eludido la primera muerte en una Santa Cena de toda la historia, me sentí orgulloso de mi ingeniosa espontaneidad, lo que había logrado salvar el día y granjearme el afecto de la congregación. Pero no pasó mucho antes de que viera que lo que me preocupaba más era lo que pensaba la gente, no lo que pensara Dios. Ya había tomado conciencia tiempo atrás de que tenía tendencia a complacer a la gente, pero cuando sentí la adrenalina provocada por la explosión de aplausos ese domingo, vi con certeza que no me sería difícil volverme adicto a ello. O tal vez, ya lo era.

> **Lo que me preocupaba más era lo que pensaba la gente, no lo que pensara Dios.**

La escritora Harriet Braiker, en su libro *The disease to please* [La enfermedad de complacer], llega a la misma conclusión que yo: que complacer a los demás es algo así como una adicción. Porque así como el drogadicto busca drogas, los complacientes buscan la aprobación de los demás. La autora identifica cuatro síntomas característicos de los complacientes, y yo podía identificarme con todos ellos: (1) la tendencia a tomar la crítica como algo personal, (2) el constante miedo al rechazo por parte de los que nos rodean, (3) la dificultad para expresar los sentimientos verdaderos, y (4) la reticencia a decir que no cuando es claro que eso debieran hacer. ¿Te resulta familiar algo de esto?

Muchos somos los que luchamos con un ocasional ataque de la enfermedad de complacer. Es irónico, pero con frecuencia no vemos que al negociar, con tal de complacer, lo que sucede es que la gente nos pierde el respeto. Si la gente sabe que harás lo que sea para apaciguarlos, hacerlos felices o evitar el conflicto, habrá muchos que lo explotarán como una debilidad en ti. Y cuando queda claro que nos hemos comprometido con Dios, y que eso está por encima de todo lo demás, la mayoría te respetará, aun cuando no compartan tu fe.

Complacer a los demás es más un problema espiritual que relacional.

Para salir de esta peligrosa enfermedad tenemos que entender que complacer a los demás es más un problema espiritual que relacional. Porque aun cuando la mayoría de las personas intentará aceptar esta necesidad de complacer como parte normal de la vida, tenemos que entender que se trata de una variedad de idolatría. Tenemos que ser anormales, al punto de que no nos importe qué piense la gente sobre quiénes somos y cómo vivimos. Si vivimos para la opinión ajena, estamos poniendo a la gente por delante de Dios.

Recuerdo haber hecho esto más o menos un año después de haberme convertido. Antes de mi transformación, ir de fiesta en fiesta era algo tan normal como lo son los mosquitos que sobrevuelan un estanque en Luisiana. Pero después de conocer a Cristo, me convencí de que para mí todos los pecados relacionados con las bebidas alcohólicas tendrían que acabar. Después de un par de fallidos intentos, finalmente eliminé de mi vida el alcohol para siempre, o eso pensaba.

Mientras estaba de visita en California con unos amigos, fuimos a ver a un amigo de un compañero. Esa noche, uno de ellos (que no compartía mi nueva pasión por la sobriedad) invitó a unas chicas para que tomaran unos tragos con nosotros. El grupo de pocos se convirtió en algo así como el bar de la última boda de Larry King. En unos minutos, todos estaban borrachos, con excepción del «buen chico» que venía de Oklahoma.

La chica más linda del grupo me miraba todo el tiempo, incómoda, como queriendo decir: «¿No te conozco?». La cerveza le habría nublado la vista, porque de repente gritó: «¡Tom Cruise! Eso es. ¡Te pareces a Tom Cruise!». Todas las otras chicas rieron, gritaron y cantaron el tema de la misma película: «Haz perdido el sentimiento de amar». La chica me dio una cerveza y con una sonrisa me dijo: «Bebe conmigo, Tom».

Sí, es asombroso el impacto que tiene en mi vida esa película *Top Gun*. Porque de repente yo era Tom Cruise y la chica linda y borracha era Kelly McGillis. Bebí una cerveza. Que se convirtió en dos. Y dos se convirtieron en… demasiadas. Había negociado mis valores y todo para complacer a una extraña ebria a la que nunca volví a ver.

Este problema de complacer a la gente le ha acosado a la humanidad a lo largo de la historia. En el Evangelio de Juan, la gente más religiosa de la época —los fariseos— vivía para la opinión pública y no para agradar a Dios. Fuera al orar, con plegarias largas y ostentosas, o al hacer alarde porque ayunaban para verse superespirituales, los tipos vivían obsesionados con la opinión pública. Y algunos de los seguidores de Jesús terminaban atrapados en sus artilugios y actorales representaciones. Juan 12:42-43 dice: «Sin embargo, muchos de ellos, incluso de entre los jefes, creyeron en él, pero no lo confesaban porque temían que los fariseos los expulsaran de la sinagoga. *Preferían recibir honores de los hombres más que de parte de Dios*» (énfasis mío).

CONOZCAMOS EL TEMOR

El temor a Dios es la única cura para el temor a la gente.

Como los fariseos, ¿temes lo que piensen las personas si no vas con la corriente? ¿Te encuentras haciendo cosas que sabes que no deberías hacer porque quieres ser popular, porque quieres gustarles a los demás? ¿Sientes la presión que te hace conformar tu vida a un estilo de vida determinado, a una imagen, un rol, cuando estás con personas a las que admiras? Solo hay una solución para este problema, un solo antídoto para el veneno que nos impulsa a complacer.

El temor a Dios es la única cura para el temor a la gente.

Si te has rendido a una vida normal, y no a la maravillosamente anormal forma de vida apartada para Dios, lo más probable es que en tu vida la gente ocupe un lugar mayor, y Dios ocupe uno menor. El Salmo 34:9 declara: «Teman al Señor, ustedes sus santos, pues nada les falta a los que le temen». Temer es reverenciar, es temor reverencial. Los que conocen a Dios le tienen temor reverencial, en el mejor sentido, no como el del convicto que escapa de la ley.

Tal vez pienses que Dios es algo así como un policía cósmico que está al acecho para atraparte con las manos en la masa si violas un mandamiento, con el fin de arrestarte y echarte en una fea celda del infierno. Si es este tu concepto de Dios, entonces es lógico que le temas. Pero esta imagen no refleja con precisión el carácter de Dios; temer a Dios no es esconderse como un perro de la perrera. Si estudias la frase «temor a Dios» en su idioma original, descubrirás que en realidad se refiere a «maravillarse en reverencia» ante Dios. Este es el significado santo de la divina maravilla. A veces vivo momentos así, de abrumador respeto, aprecio y gratitud, cuando estoy ante una bellísima escena de la naturaleza. Ante la grandiosidad y majestuosidad del Gran Cañón, por ejemplo, o la espectacular vista de miles y miles de diamantes que destellan en la noche de Colorado, allí en el cielo, lejos del turbio resplandor de las luces urbanas. También cuando veo el atardecer, dorado y naranja, que besa el horizonte del océano.

Tómate un momento para meditar en lo que sientes en esas situaciones. Dios es el artista que creó esas escenas, no un policía enojado que te quiere poner una multa. Nuestro Padre celestial es el creador y sustentador del universo. Lo sabe todo, lo puede todo y está siempre presente. Es tan santo que los mortales no pueden verle en su más pura esencia y seguir viviendo. El mismo Dios que pronunció la existencia de todo lo que vemos te conocía incluso antes de que te formaras en el vientre de tu madre. Es al mismo tiempo el Alfa y la Omega, el principio y el fin, el amante íntimo de tu alma.

Dios conoce cada uno de los cabellos que hay en tu cabeza y ve cada una de las lágrimas que derramas. Es el grandioso «Yo soy». Se le llama fuego consumidor, roca, refugio, escondite, sanador, proveedor. Es el Dios que te amó tanto que su Hijo se despojó de toda gloria celestial para vivir como un pobre carpintero judío, de manera que pudiera derramar su sangre, sufrir y morir por el perdón de nuestros pecados. Es un Dios que está más allá de toda descripción. Y nos ama.

Se trata de un *temor* reverencial, puro, inalterable.

Medita en ello. Es como si anduvieras en la montaña rusa más grande del mundo, por lo que no les temerías a las tazas locas en el parque de juegos para niños. Si sobrevives a un huracán y un tornado, la lluvia de primavera no te intimida. Y cuando conoces de veras al Dios del universo, las opiniones de las personas ya no te mantendrán de rehén. Todo lo que antes te controlaba pierde su poder. Incluso dejas que codiciar el título de «Mejor Universitario del Año».

¿QUIÉN ME DIRÁ SI SOY EL MEJOR?

Cuando todavía estaba en la universidad, podría haber buscado un doctorado honorario en cómo complacer a los demás. Como dije antes, entre mi segundo y tercer año, aunque estaba totalmente absorto en eso de ser popular y aceptado, de repente me sentí atraído a Dios. Cuando finalmente me rendí a él a través de Cristo, todo cambió. En vez de ser normal, para mis amigos me convertí instantáneamente en un tipo anormal. Pero como ya no era amigo del mundo, por primera vez en mi vida podía ser amigo de Dios.

Justo antes de graduarme me habían nominado para el premio al Mejor Universitario del Año.

> No puedo complacer a todos. Pero sí puedo complacer a Dios. Y lo mismo vale en tu caso. ¿Por qué esforzarte tanto por ser normal, cuando Dios te creó para que te destaques?

Aunque hoy ese título no tenga sentido, en ese momento representaba mucho para mí. Uno de los muchos requisitos para ganarlo consistía en completar un largo y detallado cuestionario que evaluarían siete profesores y administradores de la universidad antes de efectuar su selección final.

Cuando vi la última pregunta que había en el formulario, quedé helado: «¿Qué es lo más importante que ha aprendido durante su tiempo en esta universidad?». Sin duda, lo más importante que había aprendido tenía que ver con conocer quién es realmente Jesús y qué quería él para mi vida. Pero si respondía con esa sinceridad, me estaría suicidando en esa competencia. Ninguno de los que hacían la selección era cristiano. La mayoría muy probablemente se inclinaba en contra del cristianismo.

Me angustiaba no saber qué responder. ¿Tendría que redactar una respuesta políticamente correcta, aferrándome a mi posibilidad de ganar? ¿O debía decir la verdad con audacia y abandonar toda esperanza de que me dieran el ansiado premio?

Hice lo que sabía que tenía que hacer, saboreando la divina satisfacción, mientras escribía con cuidado y buena letra: «Lo … más … importante … que … aprendí … es … que … Jesucristo … es … Señor … de … señores … y … mi … vida … le … pertenece».

Era tan claro, tan sencillo. Había recordado las palabras de Pablo a los creyentes de Galacia: «¿Qué busco con esto: ganarme la aprobación humana o la de Dios? ¿Piensan que procuro agradar a los demás? Si yo buscara agradar a otros, no sería siervo de Cristo» (Gálatas 1:10).

Ese día en la universidad decidí que ya no buscaría complacer a las personas. Si me seguía consumiendo el afán de complacer a la gente, no podía dedicarme a servir a Cristo con devoción, y era eso lo que más deseaba mi corazón. Incluso más que el premio al Mejor Universitario del Año.

Te preguntarás: «Craig ¿ganaste el premio o no?». Lamento decirte que no voy a contarlo. Porque de veras, no importa.

Ganar un premio no es tan importante como vivir con la aprobación de Dios. Ese día supe que no puedo complacer a todos. Pero sí puedo complacer a Dios. Y lo mismo vale en tu caso. ¿Por qué esforzarte tanto por ser normal, cuando Dios te creó para que te destaques?

Cuarta parte

EL SEXO

Capítulo 10

UNA AVENTURA PARA RECORDAR

Mi actitud hacia los hombres que andan con muchas mujeres es simple: si los encuentras, mátalos.

—Loretta Lynn

Reflexiona en todos los planes y la organización que requiere una boda perfecta: la fecha, el lugar, el presupuesto, la lista de invitados, las flores, el pastel, la música, la comida y, por supuesto, lo más importante: el vestido. (¿Sabías que en televisión por cable hay un programa que se llama *Dile sí al vestido*, dedicado por completo a mirar cómo unas mujeres van de compras para encontrar su vestido de bodas? ¡De eso se trata el programa! ¡De veras! No me preguntes cómo lo sé).

Aunque hay algunas variables que no puedes controlar —el clima, el ánimo y las expectativas de la gente, la atención del que lleva el anillo— la mayoría de las personas intentan tener bajo control todos los detalles posibles para crear una ocasión inolvidable.

Si te has casado, recordarás detalles específicos, vívidos (¡eso espero!) de tu día especial. Recuerdo que traté de sonreír con educación a todos los que estaban en fila para recibirnos, y de pasar lo más rápido posible para que pudiéramos salir de la ciudad de Dodge… ¡y empezar la luna de miel! Incluso si no te has casado, lo más probable es que al menos hayas pensado en ello: imaginaste cómo se vería y sentiría todo, pensaste dónde podría ser, quién estaría allí y claro, qué llevarías puesto. Casi siempre, cuando una pareja se casa, planifican, planifican y planifican. Y siguen planificando.

Las decisiones sobre los detalles de la boda son solo el principio. Porque todo el tiempo que hay antes de la boda se dedica a pensar y hablar acerca de dónde vivirán, si querrán avanzar en lo profesional, si quieren tener hijos, cuántos y cuándo (yo quería dos, Amy quería dos y nuestros padres querían que tuviésemos dos, así que sumamos todo y tuvimos seis). Sin embargo, una de las decisiones más grandes e importantes que puede tomar una pareja casi nunca se toca: si cometerán adulterio o no.

> Según el *Journal of Psychology and Christianity*, hasta el sesenta y cinco por ciento de los esposos y el cincuenta y cinco de las esposas cometerán adultero antes de cumplir los cuarenta años de edad.

Piénsalo un poco, ¿ya planeaste que tendrás una aventura? ¡Tal vez después de tu ascenso, pero no antes del quinto aniversario? Casi todas las personas normales dirán: «¡No, claro que no!». Y sin embargo, todos los días hay gente normal que termina haciendo cosas que dañan, cosas que no planeaban hacer.

Si eres cristiano o cristiana, probablemente hayas al menos oído: «No cometerás adulterio» (es uno de los Diez Mandamientos y está en Éxodo 20:14). En la iglesia lo consideramos importante. Sea que lo hayas oído o no, la mayoría de las personas no se casa anticipando —ni planeando siquiera— que un día engañaremos a nuestro cónyuge.

Pero según el *Journal of Psychology and Christianity* [Publicación profesional de Psicología y Cristianismo], hasta el sesenta y cinco por ciento de los esposos y el cincuenta y cinco de las esposas cometerán adulterio antes de cumplir los cuarenta años de edad. No hace falta ser sicólogo o cristiano para darse cuenta de que es un porcentaje muy alto.

¿CÓMO SE LLEGA ALLÍ DESDE AQUÍ?

Pero entonces, si nadie tiene planeado cometer adulterio, ¿por qué hay tanta gente que tiene alguna aventura amorosa? Es simple: tenemos un enemigo espiritual cuya única misión es la de robar, matar y destruir todo lo que a Dios le importa. Incuestionablemente, Dios sostiene que el pacto del matrimonio es un vínculo sagrado para sus hijos. Por eso, no hace falta pensar mucho para ver que nuestro enemigo quiere atraer a la mayor cantidad posible de esposos y esposas a cometer el pecado del adulterio. Una de sus trampas más grandes —y una de las primeras lecciones de Adulterio Elemental— es convencernos de algo: «Eso jamás me sucederá». Es poco frecuente que la gente despierte una mañana y decida que al fin tendrán la aventura amorosa que han estado postergando. Más bien, nuestro enemigo nos hace dar pasitos pequeños hacia ese destino, y hace que nos digamos todo el tiempo: «¡Jamás haré algo como eso!».

La distancia entre la ciudad de Nueva York y Los Ángeles es de tres mil novecientos kilómetros. Como la persona promedio da unos dos mil pasos para avanzar un kilometro y medio a fin de cubrir la distancia entre la Gran Manzana y Los Ángeles, harían falta casi cinco millones de pasos. ¿Cómo podría alguien lograrlo? ¿Cómo cubrir tal distancia paso a paso? Solo hace falta poner un pie delante del otro, un paso ala vez. El camino desde aquí al adulterio opera de la misma manera. Tu viaje comienza con un pequeño paso, aparentemente inocente, sutilmente seductor, seguido de otro... y otro más. Y antes de que te des cuenta, estás en California.

Digamos que estás viendo un poco de televisión. No es gran cosa. Te relajas después de un largo día, y tal vez pasas de un canal a otro hasta que llegas a un programa popular, como *Sexo en Nueva York*, *Esposas desesperadas*, *Anatomía de Grey* o *Dos hombres y medio*, o el que sea. Es probable que alguien en ese episodio en particular glorifique el sexo extramatrimonial. (¡Imagina eso!). Te preguntas: «¿Es malo ver eso? Es un programa de los más vistos. Todo el mundo lo ve. Digo, ¿*es tan malo* ver este programa? Soy adulto, maduro, un creyente con valores cristianos y un matrimonio sólido. No es más que un tonto programa. ¿Qué es lo dañino?».

Primer paso.

Luego, tal vez un día piensas en la conversación que tuviste con tu cónyuge la noche anterior y recuerdas cuánto te desilusionó su respuesta. Cuando más lo piensas, más te das cuenta de que esa persona no es para nada lo que esperabas para tu matrimonio. Si te entendiera más y prestara atención a lo que realmente necesitas. Si escuchara y te prestara la misma atención que les presta a los hijos. Entonces, tu insatisfacción es un poquito mayor que la del día anterior. ¿Es pecado ser sinceros con respecto a quiénes somos y qué es lo que queremos? Por supuesto que no. Si es verdad, si así es cómo te sientes, ¿qué podría estar mal? ¿No mereces ser feliz en tu matrimonio?

Unos pocos pasitos más.

Luego tal vez te cruzas con alguien con quien te diviertes de veras. Ya sabes, esa persona que cubre un puesto ocasional cerca de tu oficina, a pasos de tu escritorio, o ese hombre o esa mujer que acaban de mudarse a la casa del frente, o tal vez alguien en el comité de la obra de caridad donde prestas servicios voluntarios. Sientes que vuelves a reír, que recuperas el atractivo que creías perdido, y esperas con ansias el momento en que se vean de nuevo. No hay nada malo con que alguien te caiga bien, ¿verdad? No es pecado disfrutar de la compañía de alguien, ¡por favor!

Y poco después te encuentras pensando en su linda sonrisa, en que te atrae (y hasta que es un poquito sexy), en que siempre se ve bien, inteligente, en que te diviertes y te presta atención cuando estás con esa persona. Realmente disfrutas las conversaciones y vas conociéndola más, y te agrada cómo piensa. Ahora, empiezas a esperar con anhelo esos momentos que comparten. Es normal, ¿cierto? No es pecado tener ganas de hablar con alguien.

Solo que has dado unos pasitos más.

Son pasitos que se van sumando. Y muy rápido, porque cada uno te lleva a dar otros pasitos más, como las fichas de un dominó que van tumbando a las que les siguen. Al fin, cuando ya has recorrido parte del camino desde donde habías empezado, vas acercándote a una línea que jamás pensaste cruzar. Una línea que nunca creíste posible. Encuentras la lógica y la justificación en cada lugar, en el cuándo, el dónde y hasta el cómo llegaste a cruzarla.

«Vamos Craig», estarás pensando. «Casi todos tenemos momentos así: ver la tele, hablar con amigos en el trabajo, coquetear un poquito con quien vive en la casa de enfrente. No es para tanto. Es normal. Todos vivimos así». Sí, tienes razón. Es perfectamente normal: el sesenta y cinco por ciento de los esposos engañarán a sus esposas, y al menos el cincuenta y cinco por ciento de las esposas tendrán una relación emocional y sexual con alguien que no sea su esposo. Sí... totalmente normal. Pero como vimos ya, lo normal no resulta. Tenemos que hacer algo distinto, ser anormales, no normales. Tenemos que serlo si queremos sostener los votos que le hicimos a alguien a quien amamos tanto.

UN PEQUEÑO PASO PARA LA HUMANIDAD...

«Jamás pensé que eso podría pasarme». He oído estas palabras decenas de veces por parte de muchas personas normales que se hallan —o mejor dicho, son halladas— en medio de una aventura y un problema enorme. Volvió a pasar hace poco tiempo. Mi amigo de la escuela secundaria —lo llamaré Tyler— se sentó enfrente de mí en mi oficina. Sollozaba con sentimiento y amargura. Después de catorce años de matrimonio, y tres hijos de cuatro a once años, Tyler había bajado la guardia, entrando en una trampa devastadora.

Entre sollozo y sollozo fue contándome qué era lo que había pasado. Como gerente de una empresa tecnológica, con un promisorio futuro, Tyler fue ascendido dos veces en cinco años. Era claro que su camino lo llevaría cada vez más alto, por eso dedicaba cada vez más tiempo y energía a su trabajo. Los días de diez a once horas de trabajo se convirtieron en la norma, no la excepción. Su esposa Lori le pedía a menudo que trabajara menos y pasara más tiempo con ella y los chicos. Y él tenía toda la intención de hacerlo. Pero nunca lo hizo.

Él y Lori solían orar juntos a diario, pero ya no quedaba tiempo para eso cuando Tyler empezó a salir de casa cada vez más temprano para comenzar su jornada. Las semanas se fueron espaciando entre salida y salida juntos, hasta que ya casi no tenían tiempo para estar a solas. En sus primeros años de matrimonio se comprometieron a irse un fin de semana al año, solos, con el propósito de hacer planes para el año siguiente. Sin embargo, ahora simplemente no había ningún buen momento para esa escapada, y Tyler estaba tan cansado por las noches que lo único que quería era comer algo y quedarse dormido ante la televisión, sintonizada en el *canal de deportes*. Lori ya no podía despedirlo por las mañanas porque dormía a las cinco de la mañana, hora en que Tyler comenzaba su día. Poco después, dejaron de tener intimidad física por completo.

Tyler me explicó que realmente amaba a su esposa. Jamás había imaginado que podría engañarla, ni se consideraba esa clase de tipo. Pero cuando su asistente de la oficina le empezó a prestar más y más atención, logró despertar en él algo que había olvidado que estaba allí: la necesidad de sentirse apreciado y respetado, de sentirse deseado, reconfortado, la necesidad de ser vulnerable, de tener intimidad.

La mayoría de las personas casadas dejan de cuidar sus matrimonios. No es que intencionalmente dejemos de prestar atención a nuestros cónyuges, pero en realidad es fácil hacerlo. Sucede con el tiempo, con unos pocos pasos aquí y allá, que nos llevan en un rumbo que gradualmente nos aleja más y más de nuestros hogares. Uno está demasiado ocupado. Con la mente en otra parte. Abrumado por el trabajo y los chicos, la escuela y la iglesia, las cuentas a pagar y las tareas. Cansado. Incluso agotado. No hay tiempo para cuidarse como solíamos tenerlo antes. Y por eso, nos abandonamos: unos kilitos de más, un poco menos de interés por cómo nos vemos. No necesariamente damos lo mejor de nosotros todo el tiempo. Vamos acercándonos a una línea.

Poco a poco, empezamos a dedicar más tiempo y energía a lo que está fuera del matrimonio: el negocio, el segundo empleo, una actividad o pasatiempo, incluso a los hijos. No son cosas malas. Ninguna de ellas lo es. Pero la mucha ocupación comienza a afectar la intimidad. No solo la sexual, sino también simplemente esa conexión de apego que tiene el matrimonio: conversar, compartir, relacionarse, planear, soñar, orar, reír. Se pasa menos tiempo juntos y hay menos tiempo para hablar. Menos energía. Uno termina hablando solamente lo necesario, sobre los detalles y decisiones que en realidad no importan. Porque se hace demasiado difícil mantener una verdadera conversación sobre las cosas más importantes. Uno deja de compartir con el otro lo que tiene en su corazón. Y cada vez con mayor frecuencia estará pensando en algo —o alguien— que no tiene que ver con el matrimonio. Por eso se hace más difícil estar presente y escuchar de verdad.

Sin darse cuenta, o sin reconocerlo mutuamente, el matrimonio pasa a ser una relación de compañeros de cuarto. No es que tuvieran intención de que así fuera. Pero es donde se hallan. Van apartándose y la intimidad sexual se marchita. Tal vez ya no ejerciten el sexo y ni siquiera lo echen de menos, porque esta parte de la relación se ha vuelto aburrida y predecible.

Fuera del dormitorio los pensamientos buscan su propio rumbo. Los ojos también, porque se detienen cada vez más en donde no deben. La pornografía antes era un problema de los hombres.

Estadísticamente, sin embargo, más de un tercio de los usuarios de pornografía en nuestros días son mujeres. Por supuesto que la pornografía está disponible casi en todas partes, en nuestra cultura saturada de carne y piel al desnudo: en la Internet (sitios web, blogs, salas de chat, cámaras web, sitios para personas solas), en las películas (televisión, cable, por demanda, cines), en la televisión (dramas, *reality shows*, novelas), en las revistas para hombres y las revistas de moda, en las novelas explícitamente sensuales de todo género. Se vuelve normal que la mente convierta al otro en objeto, proyectando expectativas irreales en el cónyuge, esperando de él o ella lo imposible.

Entonces, aparece alguien nuevo, atractivo e interesante. Y resulta fácil poder centrar la atención otra vez. Sin darnos cuenta, formamos un vínculo emocional con esa persona, aunque no sea lo que buscamos o queremos. Y poco después, Nueva York solo es un recuerdo, ya hemos llegado a Los Ángeles.

LO QUE HAGA FALTA

En Proverbios 5:8-11, Salomón le advierte a su hijo acerca de los peligros de la mujer adúltera: «Aléjate de la adúltera; no te acerques a la puerta de su casa, para que no entregues a otros tu vigor, ni tus años a gente cruel; para que no sacies con tu fuerza a gente extraña, ni vayan a dar en casa ajena tus esfuerzos. Porque al final acabarás por llorar, cuando todo tu ser se haya consumido». El simple consejo de Salomón contiene gran sabiduría. «*Haz lo que sea* por evitar la tentación». Ni siquiera te acerques. No coquetees con el desastre. No finjas que todo está bien. Haz lo que haga falta. Sé todo lo diferente, drástico, radical y anormal que tengas que ser para minimizar el riesgo (porque nadie puede eliminarlo del todo).

> No puedes construir un cimiento de pecado ahora para vivir una vida de pureza más adelante.

Muchas personas creen que están muy lejos de la línea que se cruza al cometer el pecado del adulterio físico. Piensan que si no se han tocado, besado o acostado desnudos en la misma cama, no cuenta lo que hayan hecho. Sin embargo, desde el punto de vista de Dios, nuestro pecado no comienza apenas hay contacto físico, sino cuando damos un primer paso, cualquiera sea. Jesús dice con toda claridad: «Pero yo les digo que cualquiera que mira a una mujer *y la codicia* ya ha cometido adulterio con ella en el corazón» (Mateo 5:28, énfasis mío). Él nos revela dónde comienza el problema, y destaca que las semillas de la seducción son igualmente letales en el sentido del pecado como lo es su fruto venenoso. Por eso el consejo de Salomón es a la vez fundacional y práctico: apártate de la tentación todo lo que puedas. Si no se planta la semilla, no se convertirá en un arbusto tóxico. Por eso tenemos que guardar no solo nuestros ojos, que son el principio, sino también nuestras mentes y corazones.

Si no te has casado, tal vez pienses que te estoy dando un pase libre. ¡Creo que para este momento ya me conoces mejor que eso! No es que estemos hablando de mis parámetros, sino de los de Dios. La gran mayoría de las personas hoy cruzan la línea del pecado sexual mucho antes de estar casados. Lo llamo *adulterio prematrimonial*, porque cuando cometes un pecado sexual hoy, ya estás engañando a la persona con quien te casarás después. Si decides vivir fuera de los parámetros de Dios hoy, te estás condicionando a ser más susceptible al fracaso en el futuro.

No puedes construir un cimiento de pecado ahora para vivir una vida de pureza más adelante.

LAS RECOMPENSAS DEL MANEJO DE RIESGOS

La mejor forma —y la más simple— de evitar esos primeros pasos, para los que no están casados y también para los que sí se casaron, es nutrir y cultivar la relación con Cristo. Si permaneces en la Palabra de Dios, si permites que su Espíritu te guíe, si vives en comunión con otros creyentes, aun cuando comiences a dar pasos en la dirección equivocada, Dios te protegerá de inmediato con la convicción. A diferencia de la culpa o la vergüenza, la convicción nos brinda un sistema de advertencias que se dispara bien temprano, algo así como un «sensor automático» de la pureza. Si tu relación con Dios es de veras sana y fructífera, te apartarás de inmediato de la peligrosa oportunidad de pecar, o bien te detendrás y darás la vuelta para volver a él, apenas reconozcas que estás entrando en una trampa. Por otra parte, si apartas a Cristo y descuidas tu relación con Dios, estarás abriendo una caja de criptonita, y hallarás que no puedes moverte siquiera antes de que sepas qué está pasando.

BEBE DE TU PROPIA FUENTE

De modo que, ¿cómo puede uno permanecer fuerte como para resistirse a la tentación sexual? Afortunadamente, no necesitamos contar con superpoderes, porque nuestro amigo Salomón nos ofrece más que una advertencia acerca de lo que no debemos hacer. Nos brinda una cantidad de sugerencias proactivas, surgidas de su sabiduría. En Proverbios 5:18-20 alienta a su hijo a invertir apasionadamente en su matrimonio: «¡Bendita sea tu fuente! ¡Goza con la esposa de tu juventud! Es una gacela amorosa, es una cervatilla encantadora. ¡Que sus pechos te satisfagan siempre! ¡Que su amor te cautive todo el tiempo! ¿Por qué, hijo mío, dejarte cautivar por una adúltera? ¿Por qué abrazarte al pecho de la mujer ajena?».

Cuando empieces a ver que el césped es más verde en otra parte, ¡riega tu propio jardín!

¿Quieres que te diga mi versión parafraseada? Cuando empieces a ver que el césped es más verde en otra parte, ¡riega tu propio jardín! Invierte en tu matrimonio con el mismo entusiasmo, energía y excitación que sentías cuando conociste a tu esposa o esposo, o que invertirías en una nueva relación —si no te has casado aún— con alguien que capte tu interés. Y en efecto, es buena la elección de la palabra *capte*, porque el término hebreo que traducimos como «cautive» en el consejo de Salomón a su hijo es *shagah*. Como en muchas culturas y sus lenguas, en hebreo una palabra puede dar a entender un concepto, una idea más grande, o un paradigma. *Shagah* es este tipo de término.

Utilizado en sentido literal, transmite la idea de la energía de un animal salvaje que persigue, captura, mata y come a su presa. *Shagah* transmite una imagen de feroz poder, al que se le da rienda suelta para devorar. ¿Has visto a un león devorando a un impala? Del mismo modo, debemos dejarnos cautivar, atrapar, embriagar y consumir por completo por nuestro cónyuge. ¿Para qué desperdiciar todo eso en otra persona?

SIN QUERER A PROPÓSITO

Por desdicha, terminarás desperdiciando tu energía más apasionada en otra persona si no la canalizas deliberadamente hacia tu esposo o esposa. Piénsalo. ¿Alguna vez te aprisionaste un dedo en una puerta? ¿O te perdiste? ¿O enviaste un mensaje de texto a la persona equivocada por error? Todo el tiempo damos pasos en falso, muchas veces por no prestar atención, por impacientes, por descuido o distracción. Es entendible entonces que tantas personas normales caigan en alguna relación adúltera «sin querer».

Los matrimonios geniales nunca son por accidente. Siempre suceden a propósito.

Aunque hay accidentes que pueden prevenirse o controlarse, rara vez contamos con ellos para alcanzar los resultados que deseamos. Uno no espera que por accidente un viejo amigo reciba por error un mensaje de correo electrónico para volver a conectarse. No. Uno escribe el mensaje deliberadamente y le informa que está pensando en esa amistad y quiere recuperarla. De la misma manera, no conozco a nadie que por accidente terminara teniendo un matrimonio genial. Los matrimonios geniales nunca son por accidente. Siempre suceden a propósito. Aquí van cinco formas (no tan fáciles) de enfocar tu *shagah* exclusivamente en tu esposo o esposa, para que juntos construyan el matrimonio que siempre han querido:

1. *Sé transparente*. Receptivo. Comunica tus sentimientos y cuenta qué es lo que sucede dentro de ti. La transparencia es algo natural para muchas personas, eso incluye a mi esposa, Amy. Sinceramente, muchas veces me cuesta saber, expresar y decir qué es lo que siento. Si también tienes este problema, recuerda que tu cónyuge será tu mejor maestro o maestra, si es que tienes la humildad suficiente. Amy muchas veces tiene que recordarme esto: «Entiendo lo que estás pensando pero, ¿qué sientes? Cuéntame acerca de tus emociones, no solo tus pensamientos». Para tener un matrimonio fuerte la comunicación excelente es esencial, en particular en el nivel de lo emocional.

2. *Pasa tiempo a solas*. Tómate tiempo para estar a solas y pensar, orar y reflexionar en cuanto a dónde está tu matrimonio y dónde quieren ambos que esté. Luego, pasen tiempo a solas los dos juntos. Cierren las puertas con llave, contraten a una niñera, salgan, tengan una cita de veras, y no solo pasan un rato en el cine y compartan una comida rápida después. ¿Recuerdas cómo era todo cuando se enamoraron? Siempre encontraban el tiempo para estar a solas. Es algo básico, pero solemos pasarlo por alto.

3. *Sé espiritual*. No compliques esta parte. Ora, lee la Palabra de Dios y reúnete regularmente con otros creyentes. Anótalo en tu agenda y cúmplelo al pie de la letra. Uno de los mayores aportes a la fortaleza de mi matrimonio

con Amy ha sido nuestro compromiso con el grupo de creyentes que se reúne en casa. Empezamos las reuniones hace varios años, como cuatro matrimonios cristianos ansiosos de crecer al compartir nuestras vidas juntos. A medida que creció nuestra confianza, y que nos fuimos haciendo responsables de rendir cuentas, también pudimos confrontar, presentar desafíos, alentarnos los unos a los otros de maneras maravillosas, en particular con respecto a nuestros matrimonios.

4. *Consigue ayuda.* Si si vas a ser franco, sabras si ya has dado pasos como los que mencionamos antes. Si es así, no demores en buscar ayuda. Arregla una cita esta misma semana con un consejero cristiano. Habla con tu pastor, o con un amigo o mentor en quien confíes. No te conformes con la mediocridad en tu matrimonio solo por ser cobarde. Actúa drásticamente. Mira de frente al problema, y reconoce la verdad al respecto, y también en cuanto a tu cónyuge y tu propia situación.

5. *Desnúdate.* ¿Oigo que dices «Amén»? No hace falta que te lo explique. Ya lo dije antes: riega tu propio jardín. Invierte apasionadamente en tu matrimonio.

EL AMOR NUNCA FALLA

Jamás dejo de maravillarme ni de asombrarme al ver cómo Dios maneja los tiempos. Estaba investigando estadísticas, preparándome para escribir este capítulo, cuando sonó el teléfono. Era un hombre que cada tanto asiste a nuestra iglesia. Sollozando, logró contarme lo que le pasaba: «Craig, he estado cometiendo adulterio. Pero me descubrieron. Y acabo de decírselo a mi esposa». El hecho de que estaba entrevistando personas sobre el tema de la recuperación me ubicó en una posición única para conectarlo justamente con las personas adecuadas.

Esa misma semana fui a verlo para saber cómo estaba. Le pregunté cómo se sentía y me dijo:

—Sin duda alguna ha sido la peor semana de toda mi vida. Pero al mismo tiempo, creo que también fue la mejor.

—Ah, creo que necesito que me expliques eso —dije.

—Bueno, durante años estuve aprendiendo cosas sobre Dios, hablando de él y pensando en él. Pero nunca lo había *conocido* de veras. Ahora, estoy tan quebrantado que pienso que lo conozco por primera vez en mi vida.

En ese momento vi que había más esperanzas que nunca para este matrimonio, puesto que Cristo finalmente se había vuelto una parte muy real de la ecuación. No abogo por el divorcio. La Biblia lo dice muy claro: Dios detesta el divorcio (Malaquías 2:16). Cuando alguien comete adulterio, hay argumentos bíblicos para el divorcio. Pero no olvides que el adulterio también es un argumento bíblico para el perdón, la sanidad y la restauración. Lo que Dios hace nuevo a menudo es mucho mejor que lo que pudieras haber imaginado.

> Cuando alguien comete adulterio, hay argumentos bíblicos para el divorcio. Pero no olvides que el adulterio también es argumento bíblico para el perdón.

No importa en qué pecado te encuentres, acude a Dios. Deja que te perdone, te sane y te restaure. El Salmo 51:17 dice: «El sacrificio que te agrada es un espíritu quebrantado; tú, oh Dios, no desprecias al corazón quebrantado y arrepentido». Cuando acudes a Dios con humildad, encontrarás que él ya había extendido su mano hacia ti.

Si has estado en el camino hacia el adulterio, o si estás allí, pídele a Dios que haga lo que solamente él puede hacer. Pídele que te dé fuerzas con su Espíritu para cortar esa relación que te tiene al borde del desastre, o para poner un filtro contra la pornografía en tu computadora, o para hablar con sinceridad con tu cónyuge acerca de lo que has estado haciendo. Deberás reconocer esa verdad de que cada paso hacia el adulterio causa muchas emociones fuertes: dolor y culpa, traición y vergüenza, ira y temor, amargura y preocupación. Tal vez debas ver a un consejero, o a un matrimonio mayor con experiencia y una relación sólida, o a tu pastor. No te resistas a conseguir los recursos que te hagan falta para volver a poner tu matrimonio sobre rieles.

Confía en que Dios obrará en ti día tras día. Pídele que remplace la variedad de emociones dolorosas que hay en tu matrimonio con la esperanza y la sanidad, la renovación y el consuelo, el perdón y la fe, la restauración y la paz. Romanos 5:20 nos recuerda que «allí donde abundó el pecado, sobreabundó la gracia». Pídele a Dios que saque a la luz todas las cosas secretas, de una vez por todas, para que puedas enfrentarlas con sinceridad. No será difícil imaginar la destrucción que tu pecado podría causar en tu vida y en las de quienes amas. Más bien, imagina cómo sería vivir con pureza, sin secretos, sin mentiras. ¿Cómo se sentirá eso? ¡Qué libertad! Con la gracia y la misericordia de Dios, ese lugar está a tu alcance.

> **Si piensas que estás firme, ¡ten cuidado de que no caigas!**

Si no has cometido adulterio, ni siquiera en tu corazón, es genial. Pero de todos modos quiero advertirte que en 1 Corintios 10:12-13 Pablo dice: «Por lo tanto, si alguien piensa que está firme, tenga cuidado de no caer. Ustedes no han sufrido ninguna tentación que no sea común al género humano. Pero Dios es fiel, y no permitirá que ustedes sean tentados más allá de lo que puedan aguantar. Más bien, cuando llegue la tentación, él les dará también una salida a fin de que puedan resistir». Mantente alerta. En el mismo instante en que adviertas que tu próximo paso podría ser la seducción, o uno que te llevaría al adulterio, detente y reflexiona. Dios te promete una salida. Encuéntrala. Y tómala.

Nadie traza un plan con el objetivo expreso de tener una aventura amorosa. Sin embargo, estas se han vuelto la norma para la mayoría de las personas. Dan un paso tras otro, hasta que se encuentran en un destino que no tenían previsto. Los anormales vigilan sus pasos cada día y, a partir de la posibilidad de una aventura amorosa, van mirando hacia atrás, para ver cómo protegerse y proteger su matrimonio. La gente anormal ama bien.

Capítulo 11

PLATILLOS SEXUALES

El amor es la respuesta. Pero mientras la esperas, el sexo te presenta algunas preguntas muy buenas.

—WOODY ALLEN

¿Has visto esos antiguos episodios del programa televisivo *Yo amo a Lucy*, en que Lucy y Ricky duermen en camas separadas? Aunque sus personajes estaban casados en la ficción, y el actor y la actriz estaban casados en la vida real, el comité de censura insistía en que las escenas del dormitorio de los Ricardo fueran castas y sin ánimo de seducción. La línea entre la realidad y el mundo de la televisión de Lucy volvió a esfumarse cuando tanto la actriz como el personaje quedaron encintas, esperando su primer hijo. En el programa, sin embargo, se consideraba que la palabra *encinta* era sexualmente explícita y por eso no podían utilizarla. En cambio, usaban eufemismos como *esperando un bebé* o *dulce espera* y otros más.

Si consideramos lo que sale al aire hoy (y hablo de la televisión, no del cable o de las películas a demanda), queda en claro que hemos recorrido un largo camino. «El tema del sexo ha formado parte del medio casi desde el principio. Pero exhibición sexual, de la intimidad e incluso partes del cuerpo, en su mayoría fue por evolución, no por revolución», escribe el periodista Gary Strauss en un reciente artículo publicado en *USA Today*.[7] Hoy tenemos programas que muestran actos sugerentes, que trivializan las prácticas pervertidas y ensalzan el doble sentido como si todo lo que existe en el mundo tuviera que ver con el sexo. Aunque, tal vez, así sea.

Vivimos en una cultura saturada de sexo, con imágenes explícitas que nos acosan las veinticuatro horas de todos los días, con el acecho de las salas de chateo para «ciberencuentros» anónimos, y con negocios en línea que brindan servicios de todo tipo con todos los fetiches que puedas imaginar (y algunos que espero ni siquiera imaginemos). En contraste con la bellísima música que Dios tiene como propósito para el esposo y la esposa, hoy oímos millones de platillos sexuales que resuenan en nuestros oídos: «Si hablo en lenguas humanas y angelicales, pero no tengo amor, no soy más que un metal que resuena o un platillo que hace ruido» (1 Corintios 13:1). El sexo sin amor, basado en la lujuria, es como platillos que prometen una gratificación instantánea y cumplen con todas nuestras fantasías, pero en última instancia nos dejan vacíos y quebrantados. Si no nos protegemos contra eso, la sirena seductora de nuestra cultura ahogará el sonido de la voz de Dios.

FUERTE Y CLARO

En nuestra cultura no hay otro aspecto con efecto más tóxico y destructivo en cuanto a lo que Dios quiere que seamos y la forma en que nos creó como hombres y mujeres que el sexo. Si queremos ser sanos, plenos y santos, tenemos que tomar decisiones conscientes y deliberadas con el fin de mantener puros nuestros corazones, preservando la santidad de nuestros cuerpos. Tenemos que estar dispuestos entonces a ser todavía más anormales de lo habitual. Sintonizando nuestros corazones con la voz de nuestro Maestro para poder oírle por sobre el clamor.

De otro modo, viviremos de manera reactiva y nos encontraremos viajando por un camino que nos garantiza acabar perdidos en medio del desierto. Las tentaciones que nos acosan cada día no solo estarán relacionadas con el sexo, sino que además conllevan consecuencias que nos cambian la vida. Pero parece que rara vez tomamos en serio esas consecuencias. Con toda franqueza, ¿cuándo fue la última vez que oíste decir lo siguiente?

«Este año, por fin, voy a tener esa aventura amorosa de la que estuve hablando».

«La pornografía te satisface emocionalmente mucho más que cualquier relación humana».

«Sabes, siempre quise contagiarme una enfermedad de transmisión sexual. ¿Conoces a alguien infectado? ¿Crees que tendría relaciones sexuales conmigo?».

«Me pregunto qué pasaría si tuviera relaciones sexuales hoy con esa persona que trabaja conmigo. Seguramente no me despedirían, ¿verdad? Tengo que probar».

Perdóname si te parece arrogante lo que acabo de decir, pero no conozco a nadie que piense así. Y, sin embargo, conozco a cientos de personas que cayeron en esas mismas circunstancias debido a malas decisiones que tomaron en algún momento de debilidad. Y vemos una vez más que esto se ha convertido en la norma. Es lo normal.

En nuestro capítulo anterior hablamos acerca de la manera en que el pecado del adulterio específicamente progresa cuando las personas dan solo unos pocos pasos en la dirección equivocada. Pero también hemos de tomar en cuenta que esos pasos no siempre llevan al adulterio, sino que pueden ir evolucionando hacia pecados que matan el alma y asfixian la vida: adicción a la pornografía, promiscuidad, prostitución, homosexualidad, entre otras perversiones.

Como una trampa a la espera de que un animal salvaje entre ciegamente en ella, el pecado sexual encarcela todas las áreas de la vida: emocional, física, sicológica y espiritual.

Las personas caen en cualquiera de los pecados sexuales porque se acercan demasiado a las oportunidades.

Y eso nos lleva de regreso al problema fundamental: las personas caen en cualquiera de los pecados sexuales porque se acercan demasiado a las oportunidades.

Quienes se acercan demasiado carecen de lo que llamo «margen moral». Si la mejor forma de evitar el adulterio es apartarse de lo que lleva a él, el margen moral para proteger todas las áreas de la vida contra la inmoralidad sexual requiere de la construcción de un parachoques, de un muro entre la persona y las oportunidades que llevan al pecado sexual. Luego, hay que cavar un zanjón alrededor de ese muro. Y después hay que llenar el zanjón con agua, para poblarlo con anguilas eléctricas y cocodrilos. Además, habrá que poner alambre de púa sobre ese muro. Y después... bueno, ya te haces una idea de cómo opera.

CORRE POR LA PUREZA

Te preguntarás por qué dedicamos tanto tiempo a hablar acerca de la tentación sexual y cómo combatirla. Por supuesto, hay muchas otras cosas normales que pueden tentarnos y apartarnos de Dios. Pero el apóstol Pablo le presta atención especial a este tema, porque es algo que tiene el potencial de convertirse en el mayor peligro, el más devastador. Para poner énfasis a su mensaje, Pablo prácticamente utiliza el equivalente al texto en letras mayúsculas. En 1 Corintios 6:18 grita: «¡Huyan de la inmoralidad sexual». No dice: «coqueteen». No dice: «Muéstrense y exhiban». Dice: «Huyan», que traducido del término griego *pheugo* significa literalmente escapar, apartarse, poner distancia, huir del peligro. Es un verbo que denota urgencia, que obliga a prestar atención: ¡*Pheugo* de la inmoralidad sexual! ¡Ya, sin dudarlo! ¡Sal del camino peligroso, ahora! ¡Pon distancia entre tú y la tentación! ¡Corre, Forrest, corre!

La Biblia no nos dice que huyamos de la glotonería, de los chismes, de la mentira o de cualquier otra categoría de pecado. Sí dice que huyamos, ahora mismo, de la inmoralidad sexual. La gente normal pregunta: «¿Cuánto puedo acercarme sin ir demasiado lejos?». Yo contesto con algunas preguntas: «¿Qué tanto puedes acercarte a una serpiente de cascabel sin que sea peligroso?». «¿Durante cuánto tiempo puedes tocar un cable pelado sin electrocutarte?». La gente sabia y sensata pone toda la distancia posible entre ellos mismos y la tentación sexual. No solo se apartan, sino que además trazan una ruta de escape.

Por cierto, tenemos que resistirnos en todas las áreas en que seamos tentados. Aunque todos los pecados no son iguales desde la perspectiva de Dios. Las consecuencias varían dependiendo de la gravedad del pecado. Exceder el límite de velocidad, decir una mentirita blanca y cometer adulterio son todos pecados. Pero las consecuencias no son las mismas. El pecado sexual suele tener un costo más elevado.

Por ejemplo, el pecado sexual puede costarte tu matrimonio. Puede poner en riesgo la tutela de tus hijos. Te robará tu autoestima y hará trizas tu reputación. Puede costarte tu empleo. Y, en última instancia, si contraes una enfermedad de transmisión sexual, hasta puede costarte la vida. Una mala decisión en lo sexual puede afectarte, literalmente, el resto de tu vida.

ES MI CUERPO

Pablo explica por qué son tan graves las consecuencias del pecado sexual: «Todos los demás pecados que una persona comete quedan fuera de su cuerpo; pero el que comete inmoralidades sexuales peca contra su propio cuerpo. ¿Acaso no saben que su cuerpo es templo del Espíritu Santo, quien está en ustedes y al que han recibido de parte de Dios? Ustedes no son sus propios dueños; fueron comprados por un precio. Por tanto, honren con su cuerpo a Dios» (1 Corintios 6:18-20). Es claro que el pecado sexual es diferente porque sus consecuencias son permanentes. El daño colateral de la impureza sexual es doloroso, en lo emocional y en lo profundamente espiritual.

Es común que hoy en nuestra cultura se diga: «Es mi cuerpo. Puedo hacer con él lo que quiera». En realidad, si crees en Cristo y según el versículo que acabamos de leer, eso no es así. Ahora eres una casa donde habita Dios, donde vive su Espíritu. Cuando cometemos pecado sexual, erosionamos el cimiento mismo de aquello para lo que Dios nos creó como hombres y mujeres.

En caso de que no lo hubiéramos entendido antes, Pablo es más específico en Efesios 5:3: «Entre ustedes *ni siquiera debe mencionarse* la inmoralidad sexual» (énfasis mío). Piensa en eso: *Ni siquiera debe mencionarse.* Solemos compararnos con quienes nos rodean: «Ah, soy mejor que muchos otros». El problema está en que los parámetros del mundo son muy inferiores a los de Dios. Pensamos: «Al menos no estoy haciendo eso (lo que sea) que hace tal o cual persona». Pero Dios dice: «*Ni siquiera debe mencionarse*» la inmoralidad sexual.

Llámame anticuado si quieres (y sí, con seis hijos me siento más viejo con cada día que pasa), pero Dios deja claro que todo lo que sexualicemos puede tendernos una trampa. La frase que traducimos como «inmoralidad sexual» en griego es la palabra *porneia*. Que tal vez te luzca conocida porque forma la base del término *pornografía*, que abreviamos como «porno». *Porneia* literalmente significa todo lo que provoque excitación sexual fuera del matrimonio. Sí, eso es, *cualquier cosa que la provoque.*

PORNO DE NUEVO

Como nos sucede a casi todos, crecí con inmensa curiosidad respecto al sexo opuesto. Además de tratar de espiar a mi hermana Barbie cuando se desnudaba, y de lo poco que podía enterarme con las fotos de los pigmeos desnudos en una revista *National Geographic*, mi inocencia infantil quedó intacta hasta que cumplí diez años. Fue entonces que quedó destruida a causa de mi primera exposición a la pornografía. Mi amigo Stephen, que también tenía diez años, había descubierto unas revistas *Playboy* que su papá tenía escondidas. Con una sonrisa de oreja a oreja, parecía que acababa de encontrar un tesoro escondido cuando vino a contármelo. Inspeccionamos juntos las páginas brillantes con una sensación de asombro mezclada con temor.

Desconozco la sensación de estar drogado, pero supongo que ha de parecerse a lo que sentí entonces: una revolución hormonal, una subida de adrenalina, todo lo que podía provocarme ver esas fotos por primera vez. Y todavía recuerdo como si fuera ayer esas imágenes retocadas, como si hubiesen quedado marcadas a fuego en el disco rígido de mi cerebro. Tal vez no me acuerde de nada de lo que aprendí en álgebra cuando iba a la escuela secundaria, pero al instante me viene a la mente la imagen de la Señorita Febrero, tal como la vi ese día.

Es lamentable, pero normal. Según una encuesta del 2002 de la Facultad de Economía de Londres, nueve de cada diez chicos de entre ocho y dieciséis años han visto pornografía en la Internet. ¡El noventa por ciento! Es trágico que hoy sea totalmente normal que un chico vea pornografía. Según la encuesta, en la mayoría de los casos los chicos han dicho que vieron algo accidentalmente, a menudo mientras hacían la tarea de la escuela y usaban un buscador con una palabra por cierto bastante inocente.

Esa exposición temprana a la pornografía de la gran mayoría puede ayudarnos a entender por qué hoy hay tantas mujeres que ven pornografía y se han hecho adictas a ella. Durante décadas hemos pensado que la pornografía es un problema exclusivo de los hombres, y que las mujeres casi ni se interesaban. Pero hoy, casi un tercio de los sitios de Internet para adultos son visitados por mujeres.[8] Y aunque en general se acepta que las mujeres tienen un diseño interno diferente al de los hombres, y que su excitación sexual es más por contacto que por estimulación visual, hay estudios que revelan que una vez expuestas a la pornografía, las mujeres pueden volverse adictas con facilidad, igual que los varones.

SOLO UNA PROBADITA

La impresión de ver pornografía me recuerda algo que oí sobre la forma en que los esquimales se defendían de los lobos que atacaban a su ganado. (Advertencia: es una historia que tal vez te disguste o te provoque asco). Los aldeanos esquimales mataban un conejo u otro animal pequeño y recogían la sangre para mojar con ella un cuchillo bien filoso, que luego congelaban. Repetían el proceso varias veces, creando una capa sobre otra de sangre congelada sobre la hoja filosa y mortal, como si se tratara de un helado de agua, pero en este caso era uno de sangre con mango de cuchillo (¿ya te da asco?).

Luego los aldeanos llevaban el cuchillo a las afueras de su aldea, donde ocurrían algunos ataques de lobos, y clavaban el cuchillo en la nieve, pero hundiendo el mango. Durante la noche, cuando el lobo se acercaba y olía la sangre, comenzaba a lamerla. Seguía lamiendo y lamiendo, y mientras lo hacía, se le adormecía la lengua debido a la sangre helada. Mientras seguía lamiendo la sangre congelada, llegaba a la filosa hoja del cuchillo, pero para ese momento la bestia no sentía que se le cortaba la lengua. En efecto, el sabor de su propia sangre excitaba al animal, que lamía más rápido todavía. Y cuando se daba cuenta de lo que había sucedido, ya era tarde. Con la lengua cortada y sangrando, se alejaba y moría desangrado. (¡Te dije que te daría asco!).

La pornografía trabaja de la misma manera. Comienza con solo un poco, para probar, echando una mirada. Y poco a poco adormece los sentidos. Excita, seduce, atrae. Se siente tan bien. En el fragor del momento uno sigue usándola, volviendo a ella una y otra vez sin darse cuenta de que se está lastimando. Cuando uno se da cuenta y toma conciencia del daño que se causó a sí mismo, ya es demasiado tarde por lo general.

LADRILLOS PARA TU MURO

Es claro que tenemos que fortalecer nuestro margen moral para resistirnos a las trampas y la seducción de la pornografía y a otras celadas sexuales. ¿Cómo crear un muro lo suficientemente fuerte como para proteger nuestros corazones del ataque de las tentaciones mortales? Veamos ocho principios que se pueden usar como ladrillos para construir una barrera que se interponga entre tú y el pecado sexual. Hay varios que son para personas solteras, aunque son útiles para todos. Las personas casadas simplemente tienen que levantar sus muros y entregarles la única llave de la entrada a sus cónyuges.

Sabrás que estos principios son anormales, pero recuerda que lo que buscamos son resultados anormales, justamente. No queremos ser normales, en especial cuando se trata de cómo nos conducimos ante las tentaciones sexuales y las oportunidades para la inmoralidad. Lo anormal te hace verdaderamente sexy, de una manera que el mundo jamás podría llegar a conocer u ofrecer.

1. Vístete para el éxito espiritual. Tu vestimenta ha de darle gloria a Dios. Dicho de manera simple: «Vístete con modestia». Esto se aplica por igual a los hombres y a las mujeres. Romanos 14:13 nos dice: «Propónganse no poner tropiezos ni obstáculos al hermano». ¿Por qué entonces incitar al pecado a quienes te rodean? A las damas les digo que sé que tal vez han pagado caro por ese atuendo tan pequeñito, pero mejor será reservarlo para sus esposos, estén casadas ahora o no todavía. Y a los varones, sé que pasaron meses en el gimnasio para desarrollar esos músculos, pero no los exhiban vistiendo ropas ajustadas. Piensen en cómo quieren representar a Cristo al interactuar con los demás. Vístanse para el éxito espiritual.

2. Mantengan los cuatro pies apoyados en el piso. Si están de novios, ambos han de mantener los dos pies apoyados en el piso cuando están juntos. Es asombroso cómo se complica el portarse mal si los cuatro pies están apoyados en el piso. No se sientan en la cama para estudiar juntos la Biblia (no engañan a nadie, ¿saben?). No enrosquen sus piernas con las de la otra persona. Y si están viendo una película, también mantengan los cuatro pies en el piso.

Es posible que todo esto te parezca raro, pero hay un dato científico comprobado: cuando unas piernas suaves y sin vello rozan otras velludas, la ropa se desvanece. Así es y lo sabes. La solución no tiene que ver con ciencia espacial. Solo mantengan los cuatro pies en el piso.

3. No jueguen a la casita, ni duerman en casa del otro. Hoy es muy normal que los que están saliendo terminen compartiendo el cepillo de dientes. Sucede naturalmente, porque salen hasta tarde. Y todo es muy inocente. La película, el recital, el viaje con la iglesia o lo que sea terminan tarde. Los dos están cansados.

«No te vayas, es un viaje largo» (sean dos kilómetros o cien, siempre es un viaje largo).

«Puedes dormir en ese sofá» (ubicado en tu dormitorio).

«Oye, usa mi camiseta. Durmamos abrazados, nada más» (traducción: «Preparémonos y luego le echaremos la culpa a que volvimos tarde»).

En todas estas situaciones, básicamente lo que estás diciendo es: «¡Oye, ya sé! Veamos si la serpiente de cascabel muerde». No juegues. No jueguen a la casita. Y si no están casados, esperen para dormir bajo el mismo techo.

4. No tientes a la suerte. Es mejor evitarlo. Sí, lo sé. Es una regla que te estoy dando como regalo, no el decimoprimer mandamiento. Pero si trazas una línea demasiado cerca del límite («Solo quiero explorar nuestra relación, pero no podemos tener relaciones sexuales»), no soportarás la presión. En lugar de una fortaleza construida con rocas, solo tendrás una casita de cartón pegada con cinta adhesiva. Si quieres seguridad de verdad, pureza de verdad y respeto de verdad hacia la otra persona, levantarás un muro de verdad. Pondrás distancia entre ambos y la tentación. Eso significa que pondrás distancia entre ambos y el pecado. No tientes a la suerte. No vale la pena.

Cuando Amy yo éramos de novios, establecimos reglas claras. Nos comprometimos firmemente a que esperaríamos que nos casáramos para compartir entre ambos el regalo de las relaciones sexuales. Y no tuvimos tentación. Ni una vez. Hasta que nos besamos. Ese primer beso hizo que subiéramos la temperatura, que estallaran los fuegos artificiales, que cantaran los ángeles. Solo por tener su rostro junto al mío, con su cuerpo rozándose contra mi cuerpo... fue demasiado. Allí comenzó la tentación.

¿Es demasiado no besarse? ¿Es anormal? Seguro que sí. Pero si quieres resultados diferentes, tienes que hacer algo distinto.

5. Evita los lugares peligrosos. ¿Cuáles son los lugares peligrosos? Son diferentes para cada persona. ¿Qué lugares presentan tentaciones en tu caso? ¿Es un bar cuando vas con tus compañeros de trabajo al salir de la oficina? ¿Las salas de chateo? ¿Facebook? ¿El gimnasio? Bueno, no frecuentes esos lugares. Compra vídeos de gimnasia, si hace falta, y quédate en casa. O ve a casa de un amigo en lugar de ir a los bares. Si ves peligro, huye. Evítalo. Cruza la calle. ¿Qué es lo peligroso en tu caso? Piensa cuáles son tus alternativas y evita el riesgo. Si te acercas al fuego con una botella de combustible, sabes que hará ignición.

6. Evita pasar tiempo a solas con las personas equivocadas. ¿Qué personas representan un riesgo para ti? ¿Quién te tienta? Tal vez ni siquiera sea alguien que te atrae. Podría ser nada más que un amigo, que siempre se las arregla para que te metas en problemas. Aléjate de esa persona. Te doy un consejo gratis: el amigo que hace que te metas en líos no es tu amigo. Déjalo. Busca amigos que te edifiquen, que amen a Dios, que te eleven y te ayuden a llevar una vida de sinceridad y santidad, como la que quieres. Los verdaderos amigos ayudan a fortalecer tu margen moral y no hacen nada que pueda derribarla.

Y si sales con alguien que te hace vivir de espaldas a Dios, ¿para qué perder el tiempo? Déjalo. Déjala. ¿Para qué conformarte con un premio consuelo si Dios tiene lo mejor de lo mejor planeado para ti?

7. Guarda tus ojos, tu mente y tu corazón. Recuerda que tu cuerpo le pertenece a Cristo. Hónralo con tu cuerpo. Presta atención a todo indicio de inmoralidad sexual. ¿Quieres ir al extremo? No mires tu buzón de correo. Lo digo en serio. Si el catálogo de Victoria's Secret llega a tu casa, ¿por qué será? ¿Y qué hay de esa revista de deportes? Tal vez hayas oído hablar del problema con las fotos de trajes de baño. ¿Cuántos hombres y mujeres casi desnudos aparecen en las páginas de las revistas? ¿Para qué permitir que en tu hogar entre la tentación bajo tal forma? ¿Para qué suscribirse a esas revistas? ¿Estás pidiendo que te entreguen la tentación a domicilio, justo a las puertas de tu castillo? ¿Y pagas por eso? ¿Has perdido la razón? Es un caballo de Troya y lo sabes.

8. Si la pornografía en la computadora es el problema, instala un supervisor automático. Hay muchos productos que puedes instalar en tu computadora o celular para mantener tu pureza. Aunque no recomiendo ninguno en particular, quiero mencionar que yo uso uno que se llama Covenant Eyes. Cada uno de mis clics queda registrado y recibe un puntaje. Eso llega como información a dos de mis amigos más cercanos, que también forman parte de la junta de directores de nuestra iglesia. Si hago clic en algo que sea siquiera marginalmente cuestionable, tengo que rendir cuentas.

¿Te gustan las novelas románticas? ¿Las series? ¿Las telenovelas de Telemundo? Cuídate de lo que pones ante tus ojos, de lo que alimenta tu imaginación. Sabes lo que pasa si le das de comer a un perro de la calle, ¿verdad? No puedes librarte de él. Así actúa la tentación. Y de la misma manera, ¿sabes cómo lograr que se aparte de ti? Solo podrás hacerlo cortándole el suministro de alimento. Levanta un cerco alrededor de tu jardín. Levanta tu muro. En toda oportunidad, pregúntate: «¿Estoy honrando a Dios con lo que hago, con lo que miro y con lo que pienso? ¿Honro a mi cónyuge?». Y si no te has casado, ¿estarías honrando a tu futuro cónyuge?

Si todas estas cosas te parecen demasiado drásticas, como un cambio de estilo de vida, por fin lo entendiste. Tenemos que tomar en cuenta todo lo que hacemos. No solamente las revistas y los libros. La televisión. Las películas. La música. El tipo de conversaciones que sostienes con los demás. ¿En qué estás pensando? ¿Cuáles son tus fantasías? ¿A qué recuerdos te aferras? Captura todos esos pensamientos y haz que sean obedientes a Cristo (2 Corintios 10:5).

Todas estas salvaguardas pueden parecer realmente extremas. Y lo son. Porque *huir* es una conducta extrema, radical. Si no tuviéramos que ser radicales, Pablo habría usado una frase distinta, como: «Den una vuelta fortuita» por la inmoralidad sexual, o «Vayan saliendo lentamente» de ella. Pero no lo hace, ¿verdad?

No. Nos grita: «¡Sal de allí! ¡Escapa corriendo!». Lo grita con la urgencia del bombero que le muestra la salida a una persona atrapada en un edificio en llamas. Mucha gente cae presa de la tentación sexual, del pecado sexual. Nos estamos mintiendo si decimos que no nos sucederá, incluso conociendo las estadísticas, aun cuando conocemos las probabilidades… y conociéndonos a nosotros mismos.

AHORA PUEDES IRTE

Ya hemos reconsiderado la realidad de lo que existe en torno a cada uno de nosotros en nuestros días y explorado la verdad de lo que la Palabra de Dios afirma en cuanto a la inmoralidad sexual. También vimos estrategias útiles y sensatas que pueden ayudarte a crear y reforzar un margen moral. Estas estrategias representan cosas que puedes hacer con el fin de crear el escenario para lo que solamente Dios puede hacer. En la cultura en que vivimos hoy, casi no hay quien ande por allí sin alguna herida sexual. Heridas en la mente, con almas adormecidas. Aunque puedes protegerte e impedir que esas heridas empeoren, recuerda que solamente Dios puede sanarte. Y quiere hacerlo.

¿Cómo podrás mantenerte ante Dios con el corazón vulnerable en el área de tu sexualidad? Pídele que te perdone y te sane. Luego habla con a la persona (o las personas) que tenga que oírte y pídele su perdón, su ayuda o ambas cosas. No sucumbas a la mentira de que tiene que haber otra manera, que podrás encontrar otra forma. Porque si pudieras, ¿cómo es que no lo has hecho ya? Lo habrías hecho si te fuera posible. Pero no puedes.

Si has caído en la trampa de la pornografía, ha llegado la hora de que te ocupes de este problema. Enfréntalo y reconócelo como lo que es: una herida que tienes hoy, causada por algo con lo que te cruzaste en el camino. Es hora de confesar. Porque el haber mordido el anzuelo no te convierte en la peor persona del mundo. Caíste en la trampa. La carnada surtió efecto. Sin embargo, no hay por qué seguir heridos.

Ha llegado el momento de que te ocupes de esos grilletes que te mantienen en la trampa. Hoy puedes salir de la prisión que la inmoralidad sexual creó a partir de tus errores del pasado. Oye la voz de tu Padre, que te llama por encima del ruidoso clamor de nuestra cultura, y te dice: «Te amo. Eres libre y ahora puedes irte de allí. Porque el pecado sexual ya no tiene poder sobre ti».

> El SEÑOR hace justicia a los oprimidos,
>   da de comer a los hambrientos
>   y pone en libertad a los cautivos.
> El SEÑOR da vista a los ciegos,
>   el SEÑOR sostiene a los agobiados,
>   el SEÑOR ama a los justos.
> —SALMO 146:7-8

Capítulo 12

UN TIPO DE EDUCACIÓN DIFERENTE

La educación sexual tal vez sea una buena idea en la escuela, pero no creo que haya que darles tarea para la casa a los chicos.

—BILL COSBY

Un padre llega a casa del trabajo y estaciona en la entrada de su garaje. Al salir del auto, su linda princesita, Brooke, de ocho años, viene dando saltitos:

—¡Papi! ¡Papi!

El papá sonríe y se agacha para ponerse al nivel de la pequeña, abriendo los brazos para recibirla. Brooke no deja de saltar y se echa en sus brazos. Se abrazan por un momento. Luego el padre se levanta y avanzan, tomados de la mano, hacia la casa. Mientras caminan Brooke lo mira y pregunta con inocencia:

—Papi, ¿qué es el sexo?

La tierra deja de girar. La mente del padre vuela. Tal vez tendría que ser su esposa la que hable de eso. No. Será fuerte y se esforzará por dar lo mejor de sí. *Sabía que algún día llegaría el momento de esta conversación,* piensa. *Solo que jamás se me ocurrió que podría ser «hoy».* Respira hondo y se detiene. Sentado en los escalones de la entrada, junto a la pequeña, dice:

—Bueno, amorcito. Lo preguntas, así que te lo diré.

Y empieza a hablar de los varones y las niñas, de sus diferencias, de que tienen sentimientos diferentes, formas diferentes. Le habla de Adán y Eva. De las virtudes del amor, del cortejo, de lo importante que es que las mamás y los papás se casen cuando saben que eso es lo que quiere Dios. Cita Cantar de los cantares y Proverbios. Habla de la fertilización de los óvulos, del embrión como un bebé real, vivo, entero y completo. Y luego llega a la conclusión, al cierre. Realmente le gustaría tener allí unos dibujos, o un libro, o algo. Pero como es una conversación inesperada, cree que lo hizo bastante bien. Brooke está allí, escuchando con atención, mirándolo con ojos muy grandes.

—Amor, sé que es mucho para entender, todo de golpe. ¿Tienes preguntas?

Brooke tartamudea:

—Oh, sí… eh… Bueno, no entiendo. Porque… mami está en la cocina y cuando oímos que llegabas me dijo que te avisara que en un ratito nada más comeremos algo nuevo hoy. Habló de algo sexótico o algo con sex… no sé muy bien. ¿Qué es eso?

MENTIRAS Y MÁS MENTIRAS

La mayoría de los progenitores no sabemos cómo hablar sobre el sexo con nuestros hijos. Es incómodo y resulta difícil dirigir la conversación hacia donde quieres. Nunca sabes qué es lo que van a preguntar, ni por qué. Quieres decirles la verdad, pero no deseas hablarles más de aquello que sabes que pueden oír a su edad. Quieres decirles lo suficiente como para informarlos y protegerlos, pero no tanto como para despertar su curiosidad. Y lo último que querrías es darles un manual de uso, con el significado de que les estás dando permiso. Por eso es perfectamente normal que la mayoría intente evitar el tema.

Por desdicha, hay cantidad de manuales en todas partes. Muchos padres prefieren dejar que un extraño, un desconocido, les informe sobre sexo a sus hijos e influya en la forma en que se conducirán con la nueva información. Por medio de la cultura, la escuela, la televisión y las películas, los comerciales, la Internet y en especial a través de sus amigos, tus hijos podrán conocer detalles del sexo de los que tú jamás oíste hablar o ni imaginaste siquiera.

Es fácil mantener un clima amigable, con un final amplio, como si fueras un recurso más dispuesto a responder sus preguntas según lo requieran. Pero tenemos que recordar que formamos parte de una guerra. Tenemos un enemigo espiritual que quiere robarse la pureza de nuestros hijos y destruir a tantos como pueda. Satanás se siente muy conforme con lograr que las manos y las mentes de nuestros hijos conozcan más y más detalles. Él intenta hacer del sexo algo común y corriente, neutralizando las consecuencias del pecado y de la desobediencia a Dios. Piensa en estas cinco mentiras que les mete en la cabeza a tus hijos:

1. *«El sexo no es gran cosa. Es como comer, dormir o respirar».* ¿Qué es «lo normal»? Los embarazos adolescentes pertenecen al 2007, al pasado. Ahora ya ninguna chica queda encinta. Porque es popular, conveniente y fácil impedir los embarazos. Si logras cumplir dieciocho años y sigues siendo virgen, y ni hablar de si lo logras hasta que te *casas*, la mayoría de tus amigos no te admirarán. Te tendrán lástima por tu condición de anormal, de increíblemente extraño. El sexo prematrimonial es una cosa que ya ni se menciona. No es que uno espere casarse ni nada por el estilo. Hoy, mejor es hablar de «amigos con beneficios».

2. *«El sexo oral no cuenta»*. No es que lo hayas hecho de verdad. Incluso si lo intentas todo menos «llegar a hacerlo de veras»… ¡felicitaciones! Porque *técnicamente* sigues siendo virgen. Si Bill Clinton, el cuadragésimo segundo presidente de los Estados Unidos, dice que el sexo oral no cuenta como relación sexual, ¿quiénes son tus padres para decirte lo contrario?

3. *«Ser bisexual está de moda»*. Muestra que tienes la mente amplia, que estás en la onda; además, es una forma genial de duplicar tu placer. Porque el sexo con varones y mujeres es una gran manera de explorar. No te convierte en gay, sino solo en alguien con curiosidad. Y la curiosidad es señal de inteligencia, ¿verdad? Así que podríamos llamarlo «bicuriosidad». ¿Cómo puedes saber lo que eres, si no has probado de los dos menúes? Querrás saber por qué tus padres hacen tanta alharaca por esto de la bisexualidad. Y sabes que es porque tienen miedo de sus propios deseos, porque son unos pacatos reprimidos. No son como tú o tus amigos.

4. *«La pornografía es otra buena forma de explorar tu sexualidad»*. Es perfectamente natural y te evita el lío de tener que engancharte con alguno de tus amigos con beneficios. Además, el sexo en esas películas y sitios de Internet es entre adultos que han dado su consentimiento, así que, ¿quién sale perjudicado? Como dijimos recién, ser curioso solo es una forma de mostrar lo inteligente —y apasionado— que eres. Además, ¿cómo sabrás qué hay que hacer para darle satisfacción a la persona con quien te acuestas? ¿De veras crees que tus padres (1) conocen algo de esto y (2) te dirían cómo opera esto si lo supieran? (No es que fueras a preguntárselo a ellos, ¡qué asco!).

5. *«La modestia es para los perdedores»*. Es para esos chicos y chicas tontos que no son populares, que no saben cómo vestirse, o no tienen el dinero para comprar ropa

de la buena. Porque si te vistes sexy, muestras que tienes confianza en tu propia persona y puedes expresar lo genial que eres. Jamás vas a tener un cuerpo mejor que el que tienes hoy, que eres adolescente. Nunca más podrás lucirte así. No desperdicies esa cinturita. No es que tu ropa esté engañando a alguien. ¿Por qué no puedes mostrarte tal como eres, con ese cuerpo escultural? Es ilógico que no lo hagas. Es de hipócritas. Además, si en tu trasero aparece una palabra como «sexy», es… bueno, *sexy*).

Estas son solamente algunas de las mentiras acerca del sexo que los chicos y chicas absorben en nuestros días. Es claro que hay muchos adultos que también las creen. Si quieres que tus hijos sean diferentes, tendrás que enseñarles lo que es cada una de esas cosas. Tienes que decirles: «Por eso es que no puedes confiar en lo que te dicen por allí», y citar lo que las Escrituras nos dicen del diablo: «Cuando miente, expresa su propia naturaleza, porque es un mentiroso. ¡Es el padre de la mentira!» (Juan 8:44). ¿Cómo saber que el diablo está mintiendo? Porque habla. Habla a través del mundo que les dice a tus hijos: «¡Esto es genial! Así tienes que ser», y tus hijos tienen que ser capaces de descifrar esa mentira, de ver más allá. En 1 Juan 4:1 se nos da una advertencia: «No crean a cualquiera que pretenda estar inspirado por el Espíritu, sino sométanlo a prueba para ver si es de Dios».

¿QUÉ TE DA VUELTAS EN LA MENTE?

Ya identificadas las flagrantes mentiras de Satanás, y conociendo que las baña en caramelo para que se vean buenas, es importante que puedas contrastar su sabor con algo que es verdaderamente dulce: la verdad de Jesús. En Juan 8:32 dice: «Y conocerán la verdad, y la verdad los hará libres». Nota que no es solamente la verdad lo que te hace libre. La parte de conocerla es crucial. Con solo reconocer que la verdad está por allí, no alcanza. Si tus hijos (y tú, para tal caso) no conocen lo que dicen las Escrituras sobre el sexo, incluso si aceptas y confías en la Biblia como Palabra de Dios, inspirada y con autoridad, entonces será fácil creer todo tipo de mensajes no bíblicos, que provienen de fuentes no cristianas.

Y lo curioso es que casi siempre que hablamos de sexo en la iglesia hay muchos que se enojan. Incluso, algunos mandan cartas diciendo: «Ese tema no es para la iglesia». Y yo siempre respondo: «¿Para qué lugar es? ¿Para el vestuario de la escuela? ¿Para las páginas de *Playboy* o *Cosmo*? ¿Para la última fila en el autobús de regreso del campamento de jóvenes?». Si crees sinceramente que la iglesia no es lugar para hablar de sexo, entonces te pido que revises tus razones.

Para poder explicar la verdad bíblica y tener conversaciones francas y continuas con tus hijos sobre la forma en que Dios ve nuestra sexualidad, has de aceptar de corazón una premisa fundacional: El sexo genial según la intención de Dios empieza por lo que piensas y no por lo que sientes. El sexo que honra a Dios, que te mueve el piso y te hace vibrar, empieza por tu mente, y no

El sexo que honra a Dios, que te mueve el piso y te hace vibrar, empieza por tu mente, y no por lo que hay entre tus piernas.

por lo que hay entre tus piernas. Perdóname si parece vulgar, pero creo que aquí tenemos que ser francos. Proverbios 14:12 nos advierte: «Hay caminos que al hombre le parecen rectos, pero que acaban por ser caminos de muerte».

Si quieres que tus hijos conozcan la verdad sobre el sexo, y más específicamente si quieres que sepan lo que es importante en cuanto a cómo lo ve Dios, tendrás que arriesgarte a sentir incomodidad, vergüenza y temor. Tendrás que dar un paso al frente y decirles esa verdad que tanto quieren oír. Porque de otro modo, van a aceptar las migajas de la opinión popular, de las cosas que dijo alguien por allí, y que oyen como al pasar. Si tienes hijos y están en edad escolar (más de seis años) entonces has de saber que ya están oyendo detalles explícitos mucho, mucho más gráficos que lo que puedas leer aquí. De modo que lo importante es que te preguntes: «¿Quién quiero que esté al mando de esta conversación con mis hijos?».

EL PORQUÉ, SIN MENTIRAS

Si quieres que tus hijos sean mejor que lo normal, tendrás que asumir que la responsabilidad empieza por ti. Podrás cubrir los «qué» de la inmoralidad sexual, pero con eso no basta. Si no les enseñamos a nuestros hijos el «por qué», van a decir lo mismo que decíamos nosotros a su edad: ¿y por qué *no*? Veamos algunas verdades que podrás comunicarles para combatir las mentiras y responder a sus preguntas sobre el porqué:

Fuimos creados para apegarnos. El apóstol Pablo habla de la sexualidad en su primera carta a la iglesia de Corinto, y para poder apreciar en su totalidad este mensaje, necesitas saber que Corinto era la ciudad del pecado. Era una ciudad portuaria, grande, de fácil acceso, por lo que se convirtió en el destino elegido de muchísimos visitantes que querían estar allí para ver qué sucedía en el mundo. Francamente, la ciudad ofrecía todo tipo de sexo. Había gente que incluso pagaba por sostener relaciones sexuales como forma de adoración a los dioses paganos de quienes querían obtener favores. Los agricultores muchas veces visitaban a las prostitutas del templo, con la esperanza de que los dioses hicieran más fértiles sus campos. ¿Puedes imaginar al granjero diciéndole a su esposa: «Oye, linda, vuelvo en unos días. Voy a Corinto para fertilizar esos campos otra vez»?

Consciente de que su audiencia conocía Corinto y sus placeres, Pablo no tuvo temor en decir las cosas como eran: «¿No saben que sus cuerpos son miembros de Cristo mismo? ¿Tomaré acaso los miembros de Cristo para unirlos con una prostituta? ¡Jamás! ¿No saben que el que se une a una prostituta se hace un solo cuerpo con ella? Pues la Escritura dice: Los dos llegarán a ser un solo cuerpo» (1 Corintios 6:15-16).

De modo que, ¿cuál es la cuestión aquí? Se trata de entender por qué el sexo produce apego. Y para eso tenemos que ir al principio de todo. El plan de Dios para los hombres y las mujeres nos parece bastante directo y claro: «Por eso el hombre deja a su padre y a su madre, y se une a su mujer, y los dos se funden en un solo ser. En ese tiempo el hombre y la mujer [Adán y Eva] estaban desnudos, pero ninguno de los dos sentía vergüenza» (Génesis 2:24-25).

Cuando un hombre y su esposa se unen, comparten la expresión de amor de ese pacto. En el plan perfecto de Dios, el esposo virgen entra en la esposa virgen. Con su penetración, ella sangra (como en todos los pactos sagrados, hay sangre). El momento santo, justo, sella su pacto espiritual. Pueden estar desnudos y juntos sin sentir vergüenza, unidos en unión sexual, y se funden en un solo ser.

El sexo une a dos personas espiritual, emocional y físicamente. Ese es su propósito, el de unir a la pareja. El sexo conecta a las personas y las funde en un mismo ser. Es un pegamento. Del mismo modo, si estás pegado a alguien y tratas de despegarte por la fuerza, te dolerá. Ambos dejarán parte de sí en la ruptura. (Recuérdame que te cuente la trágica historia de Fuzzy, el hámster de mis hijos, y su terrible accidente con una de esas pegajosas trampas para ratones. *¡Ay!* O cuando mi hermana menor entró gritando en casa: «¡Hay un perro pegado al nuestro y no los puedo separar!»).

Imagina que tomas una larga tira de tela adhesiva, bien pegajosa, y que la pegas a tu camisa. ¿Y si la quitas y luego la pegas en la camisa de otra persona? ¿Y si vuelves a hacerlo? ¿Y si lo haces diez veces? ¿O veinte? ¿O cien? Después de determinado momento, por mucho que lo intentes no lograrás que se pegue a nadie, porque ya no cumple su función. Porque en la camisa de cada una de las personas ha quedado parte de lo que servía para pegar.

Y es cierto que el sexo es mucho más potente que la tela adhesiva. La intimidad física con otra persona apega. Une. Es pegajosa. Pero luego, cuando terminas esa relación y vas con otra persona, va perdiendo parte de su pegajosidad. Cuanto más lo haces, menos especial será. Cuanto menos quede de tu corazón, tu alma y tu condición de persona única para darle a la próxima persona, verás que con el tiempo ya no hay pegamento. Es más difícil el apego. Es más difícil unir. No logras mantener una relación. La otra persona no se siente conectada a ti y tú ya no puedes conectarte con nadie. Enséñales a tus hijos a mantener su pegajosidad hasta que llegue la persona con quien quieran estar pegados por el resto de sus vidas.

El sexo es algo muy importante. El sexo es uno de los regalos más preciosos que se nos hayan confiado. Fuimos creados a imagen de Dios, como varones y mujeres. Nuestro Padre amoroso tiene planes para bendecirnos y no para lastimarnos (Jeremías 29:11). No era bueno que el hombre estuviera solo, y por eso Dios creó a la mujer como compañera. Quería que ambos se volvieran una sola carne, por ello les dio el acto íntimo para expresar su amor, que simboliza la relación de pacto que hay entre ambos (Génesis 2:18-25). Es muy importante y profundo estar unidos, pegados uno al otro para siempre, fundidos en un solo ser (Marcos 10:5-9).

Todo cuenta. A tus hijos, diles la verdad: «El sexo oral es sexo». Según la Biblia, la inmoralidad sexual es *porneia* (recordarás que vimos el término en el último capítulo), que significa cualquier tipo de excitación sexual fuera del matrimonio. Tu cuerpo no fue creado para la *porneia*. Fue creado para el Señor (1 Corintios 6:13). El hecho de que no haya penetración no quiere decir que no debas enfrentar las consecuencias del pecado sexual (Gálatas 6:7-8). Si excita sexualmente, es sexo. Y si la persona con quien estás no es tu cónyuge, es sexo, y te meterás en problemas.

Siempre es peligroso experimentar. Así como es peligroso encender un fósforo en una fábrica de pólvora, la bisexualidad o toda clase de experimentación sexual solo servirá para destruirnos. Reconoce la forma en que nuestra cultura y los medios venden la curiosidad sexual, presentándola como algo bueno, dando licencia para que se pruebe de todo. Pero diles a tus hijos qué dice Dios al respecto. Diles que está mal probar la homosexualidad. Sé que no es popular, que no es políticamente correcto y que a algunas personas les ofende oír la verdad, pero Dios creó al hombre y a la mujer, al uno para la otra (Génesis 2:18-25). Si piensas en la forma en que Dios hizo los cuerpos del varón y la mujer, verás que la homosexualidad es antinatural, claramente. Y no importa cómo se sienta, ni lo que digan Will y Grace, o Ellen y Rosie, es claro que Dios la considera pecado (Levítico 18:22; 20:13; Romanos 1:26-27; 1 Corintios 6:9-10). No hay nada bueno en volverse en contra de Dios. No hay nada divertido, ni simpático ni bueno en negociar con aquello que Dios creó.

No naciste para la pornografía. No tengas miedo de decir la verdad en voz alta, con claridad. La pornografía es perjudicial. Es una forma egocéntrica y antinatural de alimentar los deseos lujuriosos de la carne (Mateo 5:27-28). Si permites que tus pensamientos se detengan y se regodeen en la inmoralidad sexual, estás volcando tu corazón hacia el pecado a propósito (Marcos 7:20-22; Santiago 1:15; Job 31:1). Se supone que pensemos conscientemente en Dios y en las cosas que él considera más importantes, las cosas eternas (Colosenses 3:1-8). Y para colmo de males, la pornografía les quita dignidad a las personas. Presenta al ser humano como objeto sin alma, sin conciencia, sin moral. La pornografía reemplaza el calor y la luz de la verdadera intimidad humana con el fuego de la lujuria sexual egocéntrica. Pregúntales a tus hijos si han visto un campo después de un incendio y recuérdales lo que queda: tierra muerta, quemada, devastada y negra.

Es mejor la modestia que lo «exagerado». Ayuda a tus hijos a entender que la forma en que nos vestimos (o, digamos, «desvestimos») transmite un mensaje acerca de lo que somos, cómo somos y qué queremos. Explícales que cuando se visten con ropa que no es modesta, están enviando un claro mensaje sexual, lo quieran o no. Destaca que la forma en que visten refleja lo que piensan de sí mismos. Recuérdales esto: «A los ojos de Dios eres toda hermosura, especial. Si tienes que vestirte de manera provocadora para que un chico (o chica) te preste atención, entonces no te conviene esa persona. Mereces algo mejor» (1 Samuel 16:7; Proverbios 31:30; Colosenses 3:12-14; 1 Pedro 3:3-4).

CREADOS PARA ANDAR ERGUIDOS

Si nunca pensaste en cómo enseñarles a tus hijos a mantenerse sexualmente puros, creo que en este momento tal vez sientas confusión. Lo más probable es que ninguno de nosotros pensara en hablarles de ello, en enfrentar la realidad de que nuestra preciosa bebita o hermoso bebé crecerán y descubrirán las alegrías —o los dolores de cabeza— que vienen con el paso del tiempo a medida que maduran. Claro que si escondemos la cabeza como el avestruz, negando lo que nuestros pequeñitos hijos e hijas aprenden sobre el sexo todos los días por medio de la con información que les llega desde tantos lugares, les estaremos fallando.

Te parecerá que el mundo entero se te vuelve en contra cuando tienes que decirles a tus hijos la verdad sobre el sexo. Aunque es importante que sepamos que solamente experimentamos esa sensación si también nosotros aceptamos como verdades esas mentiras que dan vueltas por allí. Mantente alerta para poder identificar las mentiras que perpetúa nuestra cultura en cuanto al sexo. Y no las creas ya. Proverbios 23:7 afirma: «Porque cual es su pensamiento en su corazón, tal es él» (RVR60). Enfrenta tus miedos recordando el poder de la verdad de Dios que nos lava. Para cambiar tu forma de ser, cambia tu forma de pensar. Romanos 12:2 lo dice bien claro: «No se amolden al mundo actual, sino sean transformados mediante la renovación de su mente. Así podrán comprobar cuál es la voluntad de Dios, buena, agradable y perfecta». Renueva tu mente lavándola con la verdad: la Palabra de Dios.

Enséñales a tus hijos siendo modelo de lo que afirmas creer. Muéstrales el gozo y la paz que vienen cuando somos anormales. Inspíralos para que quieran mucho más eso que lo que es normal. Recuérdales siempre que Dios no nos creó para que encajemos o nos amoldemos, sino para que andemos erguidos. Nos creó para ser santos, puros, para apartarnos, para ser diferentes.

Oigo decir a algunos padres: «Bueno, los chicos son chicos. Son cosas de chicos. No es tan grave. Todo el mundo se viste de esa manera. Todos van a ver esas películas. Todos viven así». Pero las cosas no son como lo eran antes, cuando éramos chicos nosotros. Las cosas son peores ahora. Tus hijos tienen enormes oportunidades para pecar y para el mal, y las tentaciones que enfrentan son mucho más grandes que las que enfrentabas tú cuando tenías su edad. Afortunadamente, también es cierto lo contrario: la próxima generación tiene un potencial mayor para disfrutar de la justicia y la rectitud de Jesús que el que hayamos tenido nosotros.

Hoy los jóvenes sienten pasión y hambre de tener una vida auténtica, basada en la verdad. Sienten hambre de sobresalir. Están dispuestos a defender lo que creen e incluso a morir por una causa. Cuando se entregan a Cristo, persiguen estándares de justicia y rectitud mucho más relevantes que lo que tú o yo podíamos percibir siquiera cuando teníamos su edad.

No suavices las cosas. No bajes esos estándares. No te conformes solo con que sean altos, sino más bien, elévalos más todavía. Cree en tus hijos. Habla con ellos. Y habla bien de ellos. Anímalos. Ora por ellos. Celebra con ellos sus victorias. Afírmalos mientras van creciendo. Podemos hacer que su generación, aunque con errores, pueda entregarse a Jesús con todo. Le darán todo lo que son.

Y te harán sentir orgullo, porque serán más anormales que tú.

Quinta parte

LOS VALORES

Capítulo 13

A LA DERIVA

La fe en la revelación de Dios no tiene nada que ver con una ideología que glorifique al orden establecido.

—KARL BARTH

ace unos años nuestra familia alquiló una casita que estaba sobre la playa y disfrutamos de unas vacaciones fabulosas. A toda hora nos metíamos en el agua, construíamos castillos de arena, tomábamos sol y comíamos más pescado y mariscos (y helados) de lo que podría considerarse legal. En especial me gustaba jugar con todos los chicos en las olas, salpicándonos, saltando, flotando de espaldas y oyéndolos dar quejidos cada vez que yo, el «tiburón», los atacaba. Allí en el agua con los chicos me sentía uno más, como si las olas se llevaran toda la tensión acumulada del trabajo, la casa y la iglesia.

Supe que habíamos pasado mucho tiempo en el agua cuando vi que el sol comenzaba a teñirse de anaranjado y descendía en el horizonte. Con el cansancio y la satisfacción que se sienten al pasar horas y horas en la arena, el sol y el agua salada, les dije que era hora de entrar a la casa y bañarnos para la hora de la cena. «Pero papi», dijo mi hijo, «no veo la casa».

Tenía razón. Miré, buscando un punto de referencia, y solo vi unas pocas dunas a lo largo de la orilla. No había nada que pudiera reconocer, o más bien, todas las casas se veían iguales. ¿Cómo podía haber desaparecido nuestra casa así sin más? Estaba allí. Nosotros estábamos allí. Y ahora, de repente, sentía que estábamos en el capítulo final de la serie televisiva *Perdidos*. Finalmente la vi. Nuestra cabaña estaba a casi cuatrocientos metros de donde estábamos ahora. Mientras jugábamos, la corriente nos había ido arrastrando sin que nos diéramos cuenta. Habíamos estado a la deriva todo el tiempo, y solo pudimos verlo cuando llegó el momento de volver a casa.

SUELE SUCEDER

Quizá te haya pasado algo parecido. Te desorientas porque piensas que sabes dónde estás en relación a algo (o alguien) y cuando levantas la vista no tienes idea de dónde ha ido a parar tu punto de referencia. ¿Qué pasó?

Es obvio que nadie se propone ir a la deriva, separándose de los puntos de referencia conocidos que nos ayudan a navegar. Pero sucede todo el tiempo. Es inevitable, como la marea. Si no le prestas atención al lugar en que estás, te llevará la corriente, alejándote de tus prioridades, una y otra vez. Y eso incluye tu prioridad número uno, el ancla que asegura todos tus valores, creencias y convicciones: tu relación con Dios.

Cuando vuelves la mirada a la orilla, ¿dónde estás en relación al lugar en que estabas con Dios? Hebreos 2:1 dice: «Por eso es necesario que prestemos más atención a lo que hemos oído, no sea que perdamos el rumbo». Es probable que nadie piense: «¿Sabes una cosa? Esto de seguir a Dios me cansó. Sí, seguro que me bendijo y todo eso, y valió la pena, pero creo que es hora de ir a la deriva por un rato, a ver dónde termino». No. Lo más probable es que suceda lo mismo que me pasó con los chicos en la playa. Estábamos tan entretenidos divirtiéndonos juntos, que no prestamos atención. Quiero decir que no es que uno pueda perder algo tan grande como una casa, ¿verdad? Así que, ¿por qué estar preocupándose por eso, mirando a cada rato a ver dónde está? No irá a ningún lado.

Exactamente. *No* irá a ningún lado. Somos nosotros los que nos vamos.

La corriente de la normalidad te alejará de Dios en todas las oportunidades que sea posible si se lo permites. Cuando nos dejamos llevar por la corriente, literalmente, entonces nos apartamos de la sólida roca de la presencia de Dios en nuestras vidas. Ah, claro que él sigue allí, justo donde ha estado siempre y donde estará por los siglos de los siglos. Somos nosotros los que nos remontamos en las olas en busca de otros destinos, sea que lo hagamos a propósito o, más probablemente, porque nos dejamos llevar, flotando sobre las aguas hacia donde quiera que la marea nos lleve.

EXTRAVIADOS

Si eres cristiano o cristiana, sabes ya que es muy fácil dejarse llevar y, con eso, apartarse de Dios. La mayoría de la gente lo hace. Es perfectamente normal. Encontrarás muchísimas cosas afuera que atraerán a tu corazón, muchas cosas para distraerte. Notarás la forma en que viven los que te rodean, e incluso tal vez te cuestiones si vale la pena seguir a Dios. Parecería que no hay muchos que le siguen. Y según Mateo 7:13-14, mucha gente no lo hace. Tal vez lo peor es que pareciera que los que sí siguen a Dios son, bueno… francamente anormales. Según ese pasaje de Mateo 7, son pocos los que están dispuestos a hacerlo.

¿De dónde viene este tipo de ideas? ¿Pensaste alguna vez que podrían venir de tu enemigo espiritual? Aunque ya lo vimos antes, vale la pena mencionarlo de nuevo. Jesús identifica con claridad la misión explícita de Satanás: la de robar, matar y destruir (Juan 10:10).

Si permites que tu enemigo te robe tu fe, podrá entonces destruir tu vida y acabar matando tu relación con Dios. Él es el gran farsante, el padre de toda mentira (Juan 8:44), así que tenemos que conocer sus tretas y ser sabios (2 Corintios 2:11).

Satanás se especializa en destruir la fe de las personas. Y ha estado usando para ello la misma técnica desde el principio, algo que le resulta en extremo eficaz. Cuando se presentó ante Eva bajo la forma de serpiente, plantó la más diminuta semilla de duda en el suelo fértil de su mente. Le dijo: «*¿Es verdad que* Dios les dijo…?» (Génesis 3:1, énfasis mío). Luego le mintió, diciéndole básicamente que Dios era el mentiroso y que le escatimaba algo (vv. 4-5). En otras palabras, debilitó la fe de Eva al cuestionar la autoridad de Dios. Y luego se dispuso a esperar, nada más. Vio cómo germinaba y florecía su semilla, y cómo daba su fruto mortal.

Pablo se refirió a este mismo ataque cuando escribió con sincera preocupación su carta a los de la iglesia de Corinto: «Pero me temo que, así como la serpiente con su astucia engañó a Eva, los pensamientos de ustedes sean desviados de un compromiso puro y sincero con Cristo» (2 Corintios 11:3). Siento esa misma preocupación. Si has estado cerca de Dios en el pasado, pero ahora te sientes lejos, ¿no fue exactamente eso lo que pasó? Tal vez ni siquiera te diste cuenta de lo que sucedía, pero un día despertaste y te percataste de que la corriente te había llevado lejos. Te habías dejado apartar de tu fe en Cristo.

¡PIERDE TU FE EN CINCO PASOS FÁCILES!

¿Has visto cómo quedan los trozos de vidrio cuando los encontramos en la playa? Ni siquiera parecen vidrio, porque los desgasta la arena, el vaivén de las olas, el sol, el viento. El vidrio pierde entonces sus bordes filosos. Con el tiempo, se convierte en una piedrita suave, sin bordes, muy diferente al trozo cortante y brilloso que le dio origen. Y eso es bueno, porque al andar descalzos por la playa, nos cortaríamos. Pero de todos modos, es muy diferente a lo que era antes, lejos del propósito original. De la misma forma, habrá muchas fuerzas que desgastarán nuestra relación con Dios con el tiempo si lo permitimos, y harán mella en el poder de nuestras convicciones, moliéndolas hasta que queden como polvo.

1. Échale la culpa a Dios

Cuando te sientes infeliz con respecto a tus circunstancias, es normal que te apartes de Dios, en especial si le echas la culpa por lo que te pasa. Cuando la vida no es como queremos, muchas veces nos sentimos más que justificados al enojarnos con Dios. Quizá haya pasado por alto algo en el seminario, pero no sé dónde encontrar ese pasaje de la Biblia que nos promete una vida divertida y sin preocupaciones, donde estamos al mando y tenemos todo bajo control. Es más, Jesús nos advirtió que habría tormentas: «En este mundo afrontarán aflicciones» (Juan 16:33). Dijo que la razón de su advertencia era para que pudiéramos encontrar nuestra paz *en él*: «¡Anímense! Yo he vencido al mundo». Santiago 1:2-3 incluso nos dice: «Considérense muy dichosos cuando tengan que enfrentarse con diversas pruebas, pues ya saben que la prueba de su fe produce constancia».

Es totalmente anormal que esperemos dificultades. Pero Santiago nos dice que hay una ventaja en esta forma de pensar: «Y la constancia debe llevar a feliz término la obra, para que sean perfectos e íntegros, *sin que les falte nada*» (Santiago 1:4, énfasis mío). Observa que hay algo que estos versículos *no dicen*: Dios no es *la causa* de esas pruebas o problemas (ya hablaré más sobre esto en un minuto).

Algunos incluso culpamos a Dios por cosas que hacen los cristianos, usando eso como excusa: «Ah, sí, fulano es cristiano y *me hizo* esto, así que no voy a ir nunca más a la iglesia». La verdad es que hay tantos tipos de cristianos como los hay de personas. Porque los cristianos son personas. Y enojarse con Dios por cosas que hacen los humanos es la forma más segura de crear una brecha entre nosotros y él.

Más bien, piensa en el antídoto. Proverbios 3:5-6 nos dice: «Confía en el Señor de todo corazón, y no en tu propia inteligencia.

Reconócelo en todos tus caminos, y él allanará tus sendas». La mayoría de las personas sí quisieran confiar en el Señor un poquito. Pero, ¿de todo corazón? ¿Cuando la vida es dura y se nos hace insoportable? Eso es mucho pedir. Y no sé qué será más difícil: si confiar en Dios o no confiar en mi propio entendimiento.

2. Rodéate de malas influencias

La primera carta a los corintios (15:33) nos dice: «Las malas compañías corrompen las buenas costumbres». Sin embargo, conozco mucha gente perfectamente normal que no ve nada de malo en el hecho de rodearse de gente a la que le importa un comino Dios y sus cosas. Incluso hay quienes usan la excusa de que solo ponen en práctica aquello de estar en el mundo sin ser del mundo (Juan 17:11-16). Otros lo consideran evangelización, y pasan a propósito tiempo con personas incrédulas realmente simpáticas, con la esperanza de convencerlas al fin de que se hagan cristianas. (¡Y conozco gente que se casó con esa idea! Probablemente adivines qué pasó con eso). Después de todo, rodearse de cristianos firmes puede ser molestísimo. Se la pasan haciendo cosas anormales: te animan, oran por ti, intentan bendecirte, te hacen rendir cuentas de lo que dices creer. Tal vez te guste pasar tiempo con gente que hace cosas malas porque te hacen sentir mejor con respecto a ti mismo: «Al menos, no soy tan malo como ellos». El problema de estar con gente de malas costumbres es que finalmente te contagiarás, y no lo contrario. Ellos serán los que te aparten de Dios, poco a poco, hasta que estés a kilómetros de distancia de él.

3. Cede a la tentación

Dios no es quien causa nuestros problemas y no nos presenta tentaciones. Santiago 1:13-15 dice: «Que nadie, al ser tentado, diga: "Es Dios quien me tienta". Porque Dios no puede ser tentado por el mal, ni tampoco tienta él a nadie. Todo lo contrario, cada uno es tentado cuando sus propios malos deseos lo arrastran y seducen. Luego, cuando el deseo ha concebido, engendra el pecado; y el pecado, una vez que ha sido consumado, da a luz la muerte». Parece bastante serio (y nota quién es el responsable: nosotros, a causa de nuestros propios deseos). Es fácil mirar alrededor y ver que por todas partes hay quien cede a la tentación. Si vives en un área aunque sea modestamente poblada en los Estados Unidos, estoy dispuesto a apostar que no estás a más de un par de kilómetros de una buena taza de café (en áreas más densamente pobladas, esa distancia puede ser de solo doscientos metros). Intencionalmente hemos construido toda una cultura en torno a la satisfacción y la inmediata gratificación de nuestros más mínimos deseos. ¡Eso es lo normal!

Muchos piensan: «Soy así. No puedo cambiar. Me gusta tenerlo todo enseguida. Todo el mundo es así. Somos humanos y es natural. No hay nada malo en eso. ¡Es totalmente normal!». Y aunque tienen absoluta razón en esta última parte, Pablo no está de acuerdo en que nos resignemos a dejarnos llevar por la corriente. En Filipenses 4:13 advierte que «todo lo podemos en Cristo que nos fortalece».

O tal vez solo acepten que a los ojos de Dios es malo, pero no en sí mismo, y se preocuparán por arreglar las cosas más adelante. Si hay que vivir con Dios, entonces vamos a postergarlo todo lo posible y luego le pedimos perdón (Romanos 6:1-2). También están los que encuentran que es más fácil cambiarles el nombre a sus pecados con alguna frase o palabra popular, lo que enorgullecería a los personajes del programa televisivo *Mad Men*. En lugar de decir: «Tengo un problema con la pornografía», simplemente lo llaman entretenimiento para adultos. En vez de ser francos en cuanto a que engañan a sus cónyuges, dicen que tienen un matrimonio complicado. Suena mucho mejor. Esas viejas etiquetas son muy duras. Romanos 3:23 dice con claridad que todos somos culpables de pecado, e Isaías 59:2 nos dice que nuestro pecado nos separa de Dios. Pero eso no significa que tengamos que vivir allí.

4. Ama las cosas del mundo

Más que apartarnos de Dios, esta fuerza se le opone y enciende un motor fuera de borda. La Biblia lo explica bien: «No amen al mundo ni nada de lo que hay en él. Si alguien ama al mundo, no tiene el amor del Padre» (1 Juan 2:15). Parece algo severo y serio. Y lo es. Sin embargo, el mundo hace que sea muy fácil amar todo lo que hay aquí, y no solamente amar las cosas bellas, sino también crear tu identidad a partir de ellas: «Eres lo que conduces. No serás feliz hasta que construyas la casa de tus sueños. La ropa es lo que hace al hombre. Los diamantes son los mejores amigos de las chicas. Si necesitas endeudarte un poco para financiar tu glamorosa, divertida y excitante autoexpresión, no hay problemas. Digo, solo se vive una vez, así que mejor será disfrutar de cada minuto».

No hay anda malo con la autoexpresión. A menos que se convierta en justificación de la idolatría, o en otra versión del dios narcisista que a menudo creamos a nuestra propia imagen. Jesús dijo en Lucas 12:34: «Donde tengan ustedes su tesoro, allí estará también su corazón». Eso puede significar que podrás poner tu dinero allí donde quieres que vaya tu corazón, como cuando introduces un destino en tu dispositivo GPS para que te lleve en la dirección correcta. Pero el versículo también significa que tu dinero actúa como un GPS de otra forma: si observas hacia dónde va tu dinero ahora, te dirá dónde está tu corazón. ¿Das dinero para ayudar a los que lo necesitan? ¿Con generosidad? ¿A las misiones cristianas? Si das todo lo que tienes solo a cosas de esta vida, este mundo que es temporal y efímero, pones en riesgo tu relación con Dios, lo único que es eterno.

5. Finge

Hay un consejo muy común en los negocios para los que recién se inician: «Finge, finge hasta que lo logres». Esencialmente, si les haces creer a los demás que te va bien, que vendes y que todo va sobre rieles, los clientes potenciales te percibirán de ese modo y querrán comprar tu producto o hacer negocios contigo. La gente normal suele aplicar esta misma «sabiduría» a su fe y sigue los pasos mecánicamente en lo que creen que ha de ser la vida cristiana (o lo que quieren ser como cristianos), incluso cuando en realidad no conocen a Dios. Jesús, sin embargo, dice con exactitud que con Dios no es posible fingir: «No todo el que me dice: "Señor, Señor", entrará en el reino de los cielos, sino sólo el que hace la voluntad de mi Padre que está en el cielo» (Mateo 7:21). No es que Dios no sepa lo que hay en tu corazón. ¿Qué pasa si logras engañar a todos? A Dios no lo podrás engañar. Mucha gente mantiene una fachada porque habla el lenguaje de los cristianos. Y pelean a los gritos con su esposa o esposo, con sus hijos, insultando a los demás conductores… ¡mientras van camino a la iglesia! Pero cuando llegan, cambian de cara. Entran con una sonrisa y saludan a todos: «¡Qué bendición! ¿Cómo estás? ¡Aleluya, hermanos! ¿No es bueno Dios? ¡Este es el día que hizo el Señor! ¡Amén!». Esto también se conoce comúnmente como hipocresía.

Puede que pienses: «Ah, ¿me estás diciendo hipócrita?». Quiero ser claro. Todo el tiempo he estado hablando de mí. Todo lo que acabo de contar, viene de mi propia experiencia. Y reciente, no de cuando empecé a seguir a Cristo.

Cuando decidí creer, sentía pasión. Ardía con fe. Luego, en mis primeros tiempos como ministro, fui pastor adjunto en una gran iglesia, en el centro de la ciudad donde vivía. Era un empleo que para mí tenía significado. Amaba tanto a Dios que pensé que el ministerio sería el lugar perfecto para mantenerme cerca de él. Pero luego continuó la vida, y mi nuevo empleo llegaba con muchas presiones nuevas. No es que me metí en ningún pecado terrible. Pero estaba tan ocupado que lentamente fui dejándome llevar por la corriente y me aparté de Dios sin darme cuenta. Fingía. Les decía a las personas: «Voy a orar por usted», y no lo hacía. La gente me preguntaba: «¿Qué le muestra Dios en su tiempo con él?». Y entonces inventaba algo. Les contaba algo que Dios me había mostrado hacía años ya. Era un hipócrita. Alababa a Dios con mis labios, pero mi corazón se había alejado de él.

Sin embargo, pude verlo. Y volví corriendo a él.

GAJES DEL OFICIO

De manera que, ¿de qué modo podemos evitar ese alejamiento que se siente como algo tan inevitable y normal? Prestando atención al lugar en que estamos, al lugar al que queremos llegar y a la dirección de la corriente. Ante todo, manteniendo la atención y la mirada fija en nuestra roca, que nunca se mueve. Como hemos visto ya a lo largo de este libro, se trata de un estilo de vida dedicada, que da por tierra con lo normal y se atreve a lo anormal de la mejor manera posible, que es la de Dios. Si vamos levantando puntos de anclaje a lo largo de la vida, nuestro corazón permanecerá atado a nuestro primer amor: Dios. Te doy algunas líneas de ayuda aquí que tal vez conozcas o ya hayas puesto en práctica. Supongo que pueden servirte para volver a reafirmar tu Ancla.

Lee tu Biblia

La forma más fácil y directa es leer la historia de Dios, una colección de cartas de amor dirigidas a ti. Abre su Palabra. Ella es activa, directa, viva (Hebreos 4:12). Su verdad penetrará en tu corazón (Hechos 2:37), renovará tu mente (Romanos 12:2) y te pondrá sobre un fundamento firme (2 Timoteo 2:19), inamovible (Hebreos 12:26-27). Piensa en su Palabra constantemente, medita en ella, repásala en tu mente una y otra vez (Josué 1:7-8).

Tenemos muchísimos recursos bíblicos, como nunca antes en la historia: muchas traducciones (impresas, en la Internet... ¡y hasta para el celular!), con herramientas de estudio y comentarios, sermones por demanda, podcasts, DVDs y vídeos. Si no sabes qué es lo que hay en la Biblia, es que ni siquiera lo intentaste. Es más, si quieres una aplicación gratis de la Biblia para tu teléfono, al final de este libro encontrarás instrucciones sobre cómo descargar YouVersion (en inglés). (Es gratis de verdad, sin trucos. Mi iglesia y yo sentimos pasión por regalar la Palabra de Dios, y el mejor formato portátil es uno como este. Hasta ahora ya regalamos doce millones de descargas. Fíjate y verás que así es).

Adora a Dios

En teoría, la iglesia debiera hacer que fuese más fácil conectarse con Dios por medio de la adoración. Pero parece que no siempre es así. Veo gente normal que trata de evitar la adoración todo el tiempo en nuestra iglesia. Llegan tarde. No cantan. Se quedan con los brazos caídos (o meten las manos en los bolsillos), y son espectadores nada más. Es como si no supiesen que el Creador del universo los conoce por nombre y los ama. Tal vez temen verse anormales. David era anormal. Danzó para Dios sin sentir vergüenza… ¡y estaba en paños menores! (Normalmente diría: «No lo hagas en casa», pero en este caso te diré que no lo hagas si no es en tu casa exclusivamente). Y ese fue solamente el principio: «¡Me rebajaré más que esto todavía» (2 Samuel 6:14-23).

Hay personas que no se han dado cuenta, pero Dios también está afuera del edificio de la iglesia. Puedes adorar a Dios donde sea. Incluso en tu auto (claro que pensarán que eres anormal si lo haces). Si haces que la adoración forme parte de tu día a día, ¿cambiaría eso a tu familia? Si crees en Dios y ves el amanecer, o el vuelo de un pájaro, o piensas en… digamos… la respiración, ¿cómo no quebrarte y decir: «¡Ah, Dios! ¡Eres maravilloso!»?

Involúcrate con la iglesia

He observado tres tipos de personas en nuestra iglesia. Los que están *de paso*, que llegan a último momento y buscan un asiento justo cuando termina la música (y algunos, más tarde todavía). Ellos no son quisquillosos: se sentarán en cualquier lugar, aunque parecen preferir los pasillos o las últimas filas. Cuando termina de hablar quien esté hablando, justo en el momento de la oración de cierre, salen sin hacer ruido. Admiro su capacidad para moverse sin que nadie los oiga. Son los primeros en salir del estacionamiento.

Los *absorbentes*, son los que han logrado desarrollar la máxima eficiencia para devorar los recursos de la iglesia. Se beben el café gratis y se comen las rosquillas. Siempre llegan temprano para poder guardarles muchos asientos a sus familiares y amigos, en los mejores lugares. Se quedan en el vestíbulo entre servicio y servicio, «promoviendo la comunidad». A veces asisten a varios servicios, y pienso que es para que los hijos coman gratis el desayuno y el almuerzo. Tratan de servir a los demás lo menos posible.

Los *contribuyentes* a veces son casi idénticos a los absorbentes. En apariencia la conducta es casi la misma. Con la excepción de que los contribuyentes parecen racionar el café y las rosquillas. Y se dedican a servir a los demás. Como locos. En toda oportunidad. Dan la bienvenida a la gente, ayudan con los chicos, tienen estudios bíblicos en sus casas, vienen durante la semana para ayudar al personal. Hasta he visto contribuyentes que levantan papeles o basura que han dejado caer los que están de paso y los absorbentes.

El tipo de persona que invierte en la iglesia es anormal. ¿En qué categoría cabrías tú?

Ora

Orar no es ni difícil, ni extraño, ni algo que provoque miedo como suelen pensar algunos. En su aspecto más básico, es hablar con Dios, ni más ni menos. Si tuvieras un amigo o una amiga que no quisieran hablar contigo, en algún momento dejarías de llamarlos amigos, ¿verdad? Y no sé si estás al tanto, pero siempre hay dos vías cuando hablamos con alguien. Hablas. Escuchas. Cuando oras suceden cosas asombrosas, maravillosas. Además de que Dios te escucha y obra por ti, tu fe crece. Quieres más de Dios. Así que, háblale en oración.

Y AHORA, ¿QUÉ?

Quizá te apartaste de Dios, dejándote llevar por la corriente. Si es así, quiero preguntarte con franqueza: ¿Te importa? ¿O eres como la iglesia de Sardis, que estando muerta fingía estar viva (Apocalipsis 3:1)? ¿Te acostumbraste a ignorar lo que el Espíritu Santo intenta decirte? ¿Todo lo que pasa por tu mente en este momento son cosas que se esfumarán sin más ni más? ¿Puedes leer algo como esto y seguir adelante sin cambiar? Hoy es un día más. Irás a dormir esta noche, como siempre. Y despertarás mañana, y será un día igual al de hoy.

Pero tal vez no seas así. Quizás seas más como la iglesia de Éfeso, a la que Jesús le habló en Apocalipsis 2:4-5: «Has abandonado tu primer amor. ¡Recuerda de dónde has caído! Arrepiéntete y vuelve a practicar las obras que hacías al principio». Esta es tu oportunidad. Este es ese momento en que el Espíritu de Dios te está llamando. ¿Escucharás esta vez? ¿Qué hace falta para que te vuelvas a él?

La primera parte no es negociable: arrepiéntete. Apártate de las cosas que has estado haciendo y sabes que te alejaron de Dios. Prepara tu corazón. Ten el terreno de tu corazón saludable para que se disponga a recibirle otra vez. Y luego, lo que suceda depende de qué cosas hacías antes, cuando estabas cerca de Dios. Vuelve y haz de nuevo esas cosas. Empieza por allí y ve hacia dónde te guía él. Tal vez dejes de comer para hacer ayuno. O quizá te quedes toda la noche sin dormir, con la Biblia abierta y la cara contra la alfombra. Se te hincharán los ojos y si llevas maquillaje se te correrá. Porque vas a llorar. Y, por un tiempo, sufrirás.

Puedo asegurarte algo: si realmente, con toda sinceridad y franqueza, quieres volver a Dios, él no se ha movido. Sigue allí, como siempre, dispuesto a volver a abrazarte como en los viejos tiempos. Su palabra para ti está en Jeremías 29:12-13: «Entonces ustedes me invocarán, y vendrán a suplicarme, y yo los escucharé. Me buscarán y me encontrarán, cuando me busquen de todo corazón».

Por tanto, cuando su Palabra haya aterrizado en tu corazón, lo desbordará treinta veces, o sesenta o cien. En lugar de dejarte llevar por la corriente y alejarte de Dios, tu ancla estará firme y podrás nadar contra la corriente, ofreciendo agua viva a todos los que encuentres en tu camino.

Capítulo 14

UNA BENDICIÓN ANORMAL

En el mundo no será inútil aquel que aligere la carga de este sobre los hombros de los demás.

—CHARLES DICKENS

E n mis inicios como pastor adjunto a menudo tenía que remplazar a otros pastores. Una semana mi amigo Paul me invitó a hablar en su iglesia mientras él estaba de vacaciones.

Vestido con mi mejor (y único) traje, con la camisa planchada y los zapatos lustrados para una buena primera impresión, llegué bien temprano y de inmediato me recibió por la puerta del costado la secretaria de la iglesia, Lora.

«¡Tengo muy buenas noticias!» dijo con alegría. «Hoy tendremos una visita, ¡así que predica bien!».

Ahora bien, me encanta cuando hay visitantes en la iglesia, pero por el gran entusiasmo de Lora resultaba evidente que no eran frecuentes en esta pequeña y antigua iglesia de la zona sur de nuestra ciudad. Así como la comunidad se había reducido, también la congregación, y Paul me había confesado más de una vez que sospechaba que las puertas no estarían abiertas por mucho tiempo más.

Con curiosidad le pregunté a Lora cómo sabía que habría una visita. Me dijo que esa mañana una mujer había llamado por teléfono pidiendo indicaciones acerca de cómo llegar. La mujer explicó que estaba pasando por momentos difíciles y que quería darle una oportunidad a la iglesia. Lora oró con la señora y le dijo que iría a su encuentro durante el servicio. Con esa motivación extra, también yo oré y le pedí a Dios que me usara para ministrar a la necesidad de esa dama que sufría y que visitaría la iglesia por primera vez.

Antes de que comenzara el servicio, Lora me ubicó junto a las grandes puertas de madera del frente, junto a otro pilar de la congregación, un señor mayor llamado Virgil.

En minutos pude notar que Virgil amaba a su iglesia y que se tomaba en serio su puesto junto a las puertas de madera. Saludé a unas pocas decenas de miembros que iban llegando, mientras Virgil la emprendió con un monólogo sobre los problemas de la generación de hoy: «¡Son rebeldes!», ladraba, quejándose de que los jóvenes no respetan ni a Dios ni a su iglesia.

En medio de la diatriba de Virgil, vi llegar a la mujer. Conducía un viejo auto, tan sucio que no se sabía si era gris o azul carbón. Los neumáticos, gastados y casi sin aire, chillaron cuando maniobró para estacionar. Cuando se bajó, vi que la puerta estaba abollada. Entre los autos estacionados, este era el más viejo y arruinado.

Mientras todos los demás que entraban esa mañana en la iglesia vestían trajes (aunque pasados de moda) o vestidos (casi todos largos hasta los tobillos), nuestra visitante cerró la portezuela del auto con la mano que sostenía su cigarrillo. Vestía pantalones vaqueros y una ajustada camiseta sin mangas que —pido perdón por notarlo— revelaba definitivamente mucho más que lo que llega a mostrar la vestimenta de la maestra dominical de rigor. Habría sido atractiva si la vida le hubiera sonreído un poco más. Sin juzgarla, traté de dilucidar cuál sería su problema: ¿Un novio abusivo? ¿La adicción a las drogas? ¿El desempleo? ¿La depresión? ¿El abandono? ¿Todo eso y más?

La mujer caminó hacia la entrada, respiró hondo y con la cabeza un tanto inclinada nos miró a Virgil y a mí. Volví a orar pidiéndole a Dios que me diera las palabras que pudieran darle esperanzas.

Mi oración silenciosa se vio interrumpida cuando Virgil le dio su bienvenida a la joven: «En esta iglesia nos vestimos con lo mejor para Dios. ¿Esa es su mejor ropa? ¿O no le importa lo que pueda pensar Dios?».

Desesperado, quise gritar: «¡Nooooooooo!». Todo pareció suceder en cámara lenta, como si estuviera atrapado de repente en una película de acción y suspenso, en la que Virgil acababa de presionar el botón que detonaría la bomba que nos haría volar a todos.

Busqué en mi mente la forma de deshacer el ataque de Virgil. Pensé en sonreír y decir en voz alta: «Que no te intimide el viejo Virgil, está un poquito…» y con el dedo en la sien, indicarle que le faltaba un tornillo al hombre. Luego pensé en que podría reír a carcajadas y decir: «Creo que cayó, ¡realmente te cree, Virgil! Entre, señorita. El tío Virgil ha estado viendo a muchos *bromistas* por allí». Mi parte más oscura, sin embargo, quería asumir el rol de Jason Bourne para lanzarme sobre Virgil con un puñetazo tan fuerte que le llevaría a ver a Dios cara a cara (sé que eso no sería exactamente honrar a Cristo y ofrecerle a la visita una buena razón para quedarse). Pero no hice nada de eso. Solo permanecí allí, congelado de rabia, sin saber qué hacer.

Como si le tocara ahora a ella el turno de decir o hacer algo, la joven se volvió, caminó hasta su estropeado auto y se fue.

Virgil murmuró: «Rebelde».

UNA CARGA DISFRAZADA DE ALGO MÁS

En ese momento, algo sucedió dentro de mi corazón. Ante Dios, hice varias promesas que me propuse cumplir durante el resto de mi vida. Me comprometí a resistirme a juzgar a alguien que no conoce a Dios.

Prometí jamás expulsar a nadie de la iglesia por su aspecto físico y no convertirme en alguien como Virgil.

En silencio, le di la espalda y entré de nuevo a la oficina de la secretaria, abrumado por lo que sentía. Aunque parezca raro, lo que sentía era algo así como el dolor y la pena de Dios. Era un dolor más grande del que cabía en mí. Lora me preguntó qué había pasado, y tratando de contener las lágrimas le conté la forma en que Virgil había espantado a la visita, que había venido porque sufría. Lora también lloró y me preguntó si podía orar por mí.

No recuerdo todo lo que dijo, pero hay algo que no olvidaré jamás. Le pidió a Dios que usara esta experiencia para que mi corazón siempre sintiera compasión por quienes no conocen a Cristo. La mañana no había salido como esperaba, por lo que su oración me impactó. Sin embargo, sentí que acababa de darme un regalo extraño, con buena intención, algo infinitamente más valioso que cualquier cosa que pudiera haber pedido.

Supe ese día que las bendiciones llegan en diversas formas, colores y tamaños. Es normal dar gracias por las cosas buenas: «¡Gracias, Dios, por bendecirme con buena salud». «Te doy gracias porque me aumentaron el salario». «Dios nos bendijo con otro hijo. Una niña esta vez». «Dios nos favoreció y conseguimos una linda casa a buen precio. ¡Qué bendición!».

Pero las bendiciones de Dios no siempre son más grandes, mejores, más bellas. Es más, creo en serio que Dios les da a sus líderes escogidos una bendición muy inusual. Hasta podríamos llamarla una bendición anormal, porque la mayor parte del tiempo la llamamos… carga.

¿CUÁL ES TU CARGA?

¿Recuerdas a Popeye el Marino? Ya sabes, el que comía espinaca y tenía como novia a Olivia. El que peleaba con Brutus y cantaba: «Popeye el Marino soy, tu, tu…» (lo lamento si ahora te queda esa melodía dando vueltas en la cabeza durante todo el día). Cada vez que su archienemigo Brutus atacaba, secuestraba o insultaba a la fiel novia de Popeye, Olivia, nuestro héroe finalmente veía colmada su paciencia y gritaba: «¡Ya no lo soporto más!». Se tragaba entonces una lata de espinaca y derrotaba a Brutus.

Le pido a Dios que te otorgue un momento como a Popeye. Un momento en que Dios te bendiga con una carga divina, con algo que te molesta hasta los huesos, que te hace pasar de la complacencia a la acción. Bill Hybels lo llama «divino descontento» en su genial libro que lleva como título justamente esa frase. Le pido a Dios que te bendiga con algo que te moleste, te inquiete, te haga saltar.

Si escuchas, Dios te mostrará algo que hará que tu corazón se conmueva, que sufra como el suyo. Y te bendecirá con una carga.

Si eres como la mayoría de las personas normales, probablemente estés preguntándote: «¿Y para qué quiero yo una carga?». Casi todos preferimos evitarlas porque, después de todo, la vida ya tiene sus complicaciones. ¿Para qué pedirle a Dios más pruebas, más trauma, más lágrimas? Es normal que queramos evitar el dolor. Incluso es humano. Pero Dios no nos puso aquí en la tierra solo para que la pasemos bien y disfrutemos de la vida. No nos dio la vida para que aprendamos a dominar las técnicas de cómo evitar el sufrimiento.

> **Si escuchas, Dios te mostrará algo que hará que tu corazón se conmueva, que sufra como el suyo. Y te bendecirá con una carga.**

Nos puso aquí para que marquemos una diferencia eterna.

Nos puso aquí para mostrarles a todos los que nos rodean cuánto los ama.

Nos puso aquí para que seamos sus manos y sus pies, su cuerpo y su corazón.

Casi todos disfrutamos de las bendiciones tradicionales que recibimos. Si viajas a un lindo lugar en las vacaciones, o pasas un día esquiando en el lago, agradeces eso. Si conduces un auto confiable, tienes gafas de sol que se ven bien, o compras tu canción favorita en iTunes, probablemente te sientas bien por un rato. Si conoces a una celebridad que admiras, o te ascienden en el trabajo, o ganas un premio en la fiesta de la oficina, es probable que eso te provoque alegría.

Sin embargo, por especiales que sean, esas bendiciones no parecen darnos una plenitud perdurable. Sentimos placer en ese momento, o en los días y semanas que le siguen. Pero a menudo se esfuma. O peor todavía, empezamos a sentirnos con derecho a esas cosas y actuamos como niños malcriados, no solo esperando bendiciones, sino exigiéndolas como mimos divinos.

Por otra parte, si haces algo por otra persona, a menudo sientes una satisfacción mayor, más profunda. Cuando Dios te usa para corregir algo que está mal, sientes algo más perdurable, con más lógica. Cuando te entregas de manera que reflejas la bondad de Dios, bendiciendo a alguien más y haciendo del mundo un lugar mejor, es como si salieras de ti mismo y recordaras que tu propósito no es pasarla bien todo el tiempo. Te sientes pleno, con vida, humilde pero privilegiado, con la riqueza de la paz y la cercanía a Dios.

Si queremos acercamos más a Dios, y si queremos que nuestros valores sean los de él, tenemos que mantenernos atentos a las oportunidades que nos da para bendecirnos con una carga. Porque él quiere que vayamos más allá de nuestro entendimiento normal y egocéntrico de lo que son sus bendiciones para pasar al entendimiento centrado en los demás, a una extraordinaria experiencia de su carácter. La mejor forma de reflejar el carácter de Dios es cuando nos entregamos a los demás sin esperar nada a cambio, sin motivos secretos, sin propósitos ulteriores. No hay beneficio más grande que el saber que agradamos a nuestro Padre al compartir su amor y comunicarlo a sus otros hijos. Si no tienes todavía esa bendición, la de la carga anormal, oro que Dios te bendiga pronto con ella. Sea que la tengas o no, quisiera hablarte de tres áreas que pueden darte esa espinaca que fortalecerá tus músculos, como la de Popeye.

1. Bloques de construcción y pedazos rotos

¿Qué te rompe el corazón? ¿Qué cosas en la vida te hacen llorar o te revuelven el estómago? ¿Qué injusticia es la que te abruma y amenaza con quitarte el sueño si se lo permites?

Nehemías es uno de los mejores ejemplos en la Biblia de lo que sufre el corazón de un hombre bendecido con una carga divina. Al enterarse de que estaban destruidas las murallas de su Jerusalén amada (y amada por Dios), sintió angustia. De repente, el pueblo de Dios era vulnerable a los ataques y Nehemías apenas podía soportar su malestar: «Ellos me respondieron: "Los que se libraron del destierro y se quedaron en la provincia están enfrentando una gran calamidad y humillación. La muralla de Jerusalén sigue derribada, con sus puertas consumidas por el fuego". Al escuchar esto, me senté a llorar; hice duelo por algunos días, ayuné y oré al Dios del cielo» (Nehemías 1:3-4). Se sintió tan angustiado que lloró. Y no solo dio rienda suelta a sus sentimientos con las lágrimas, sino que durante días no comió para poder orar y buscar al Dios del cielo. Por medio de esa angustia y sentimientos de pérdida que sentía Nehemías, y ante el miedo que le provocaban las potenciales consecuencias, descubrió que Dios le estaba dando una bendición inusual: la carga que le hizo viajar para encargarse de la reconstrucción de las murallas.

Cuando pienso en las bendiciones anormales y en los corazones que se angustian por cosas como esta, también pienso en el doctor Martin Luther King. Este gran hombre sentía tanta desazón ante la injusticia racial y otros males causados por el prejuicio, que estuvo dispuesto a hacer todo, todo lo posible, por corregir ese mal. Su famoso y conmovedor discurso: «Yo tengo un sueño», sigue dándote escalofríos y haciendo que se te conmueva el corazón. Décadas más tarde, mucho después de que acabara trágicamente su vida en la tierra, el legado de su carga sigue vivo, mejorando las vidas de las generaciones del futuro. Y todo porque un hombre permitió que su carga diera a luz a un sueño.

Vemos a muchas personas hoy que están en necesidad, al punto de que fácilmente podemos llegar a sentir indiferencia. ¿Cuándo fue la última vez que sentiste que se te partía el corazón al ver la necesidad ajena? ¿Fue en ese cruce de la avenida, cuando ese vagabundo indigente te miró a los ojos? ¿O cuando te cruzaste con ese pequeño de quinto grado que apenas sabe leer porque no aprendió jamás en la escuela de su barrio? ¿O cuando la adolescente que te hizo la manicura te contó que está esperando un bebé que no quiere?

¿Qué es lo que derriba a tu corazón de un puñetazo cuando lo ves o lo oyes? ¿Es cuando ves a los pobres y notas todo lo que les falta? ¿O cuando te enteras de que hay alguien que no tiene dónde vivir? ¿Conoces a una madre soltera cuyos problemas sientes como propios? ¿Leíste un artículo sobre los niños con SIDA y sientes que puedes hacer algo de inmediato? Detente por un momento y en oración considera tu respuesta. ¿Qué es lo que te parte el corazón?

2. Ira justa

Hay otra pregunta que te ayudará a identificar y darle poder a nuestra pasión por las cargas que Dios nos da: ¿Qué es lo que te enfurece?

No hablamos de cosas molestas de todos los días (como cuando alguien deja levantado el asiento del baño, o usa el teléfono celular durante una película). Tampoco hablamos de abstracciones gigantes como las guerras, el terrorismo o el calentamiento global. Son temas importantes y pueden ser un buen punto de partida. Pero mi esperanza es que descubras algo específico, que te provoca una ira justificada, algo que te conmueve como perturba a Dios.

En tanto Nehemías es el acabado ejemplo del corazón que sufre por los demás, Moisés nos ofrece la imagen perfecta de la persona que canaliza su justa ira en una dirección que es eficaz. Como era hebreo y había sido criado en un hogar egipcio, Moisés siempre había guardado en su corazón el amor por su pueblo. Un día vio que un egipcio mataba a golpes a un esclavo hebreo, por lo que algo dentro de él se quebró. Tuvo un momento tipo Popeye, de proporciones épicas, y no lo soportó más. Incapaz de contener sus emociones, Moisés dio rienda suelta a su ira y mató al egipcio (Éxodo 2:12). Aunque no era la forma correcta de responder a la situación, Moisés demostró claramente el poder apasionado que se necesitaba para ser líder de su pueblo en el éxodo. No sorprende entonces que años más tarde Dios lo eligiera para que confrontara al faraón, exigiendo la libertad de su pueblo. Así como Dios usó a Nehemías para hacer algo que otros consideraban imposible, también empleó a Moisés para guiar a los israelitas, librándolos de la esclavitud de Egipto, simplemente porque encendió en su corazón una carga y alimentó su fuego.

¿Puedes identificarte con la intensidad con que Moisés respondió ante el egipcio que azotaba al esclavo? ¿Qué es lo que te enfurece, lo que te molesta tan profundamente que no puedes hacer más que actuar? ¿Te enoja ver a los ancianos abandonados, descuidados, sin que se les respete? ¿Detestas la pornografía y otras adicciones sexuales, sabiendo que destruyen miles de vidas? ¿Desprecias a los políticos corruptos que carecen de integridad y valores? ¿Detestas ver que se deja a los nuevos creyentes sin ayuda para poder madurar?

Hay cristianos que piensan que jamás deberían enojarse. Pero la Biblia nos dice que cuando estamos enojados, hemos de evitar el pecado (Efesios 4:26). Entonces, si algo te provoca ira divina, no lo evites. La Madre Teresa dijo: «Cuando veo despilfarro, siento que me enojo. No es que apruebe mi enojo, pero no se puede evitar después de ver Etiopía».

3. Cuando te importa lo suficiente como para dar lo mejor

A muchas personas les causará pena, pero no lo suficiente como para actuar. Otros tal vez se escandalicen y digan de todo sobre el problema y con frecuencia, pero sin ofrecer soluciones. Si realmente quieres descubrir esa carga y seguir adelante con aquello que te conecta de manera exclusiva con el deseo de Dios, tendrás que armarte de valor. Arriesgarte. Hacer algo, lo que sea, para aliviar el sufrimiento que acabas de identificar y que aceptas como propio.

En el Antiguo Testamento, un joven pastor presenta un excelente ejemplo de lo que sucede cuando a alguien le importa algo tanto como para actuar, en contraste con quienes no lo hacen. El ejército de los filisteos había elegido a su guerrero más feroz, un hombre enorme de casi tres metros de alto, llamado Goliat. Este gigante, según las tradiciones de la batalla, desafió a cualquiera de los israelitas a un duelo. El que sobreviviera, ganaría. Y el lado del ganador sería el vencedor en guerra.

Como era de esperar, todos los hombres de tamaño normal no quisieron pelear contra el grandulón de la UFC [organización de peleas marciales mixtas]. No digo que no les importara. Seguro que sí. Pero no tanto como para dar lo mejor que tenían: sus vidas.

Y allí apareció un pastorcito adolescente, que seguramente llenaría de orgullo a Hallmark. El joven David, que tenía que estar cuidando ovejas, se sintió confundido, sorprendido porque nadie quisiera salir a pelear. Como servía al Dios altísimo, David creyó que este pelearía la batalla con él y por él. El joven pastorcito guerrero preguntó con valentía: «¿Quién se cree este filisteo pagano, que se atreve a desafiar al ejército del Dios viviente?» (1 Samuel 17:26). Mientras todos los demás pensaban que Goliat era demasiado grande e invencible, David tomó cinco piedras lisas y pensó: *Con la ayuda de Dios, es demasiado grandote como para no dar en el blanco.* Y allí demostró que le importaba lo suficiente como para actuar, como para tirarle una piedra. Ya conoces el final de la historia.

Apuesto a que si lo piensas por un momento, enseguida reconocerás algo que te importa y que otros no quieren enfrentar, o que no perciben siquiera. Tal vez constantemente sientas el deseo de colaborar con los que ayudan a los adictos a las drogas o el alcohol. O quizá te importen los veteranos, que han quedado discapacitados por pelear en Irak o Afganistán. O quizá te quite el sueño pensar en cómo podrías ayudar a los que quieren adoptar a un hijo. O pienses en cómo lograr que cientos de pequeños de los barrios más bajos puedan tener un guante de béisbol nuevo y pasar un día jugando en el parque de las ligas mayores más cercano.

Cuando sientes esta carga, tal vez también sientas frustración y te preguntes por qué a los demás no les importa tanto como a ti. La razón por la que te importa y a otros no quizá sea porque Dios dirigió esta carga directamente a tu corazón. Y es posible que sea debido a lo que viviste, o a la forma en que te han lastimado, o a algo que sencillamente no puedes explicar. Sea cual sea la razón, te importa, y mucho. Te importa porque Dios te dio esta bendición inusual: la de una carga que te hará distinguir.

DILO Y RECLÁMALO PARA TI

Hace unos diez años, como parte de una serie sobre la importancia de tener una visión dada por Dios, presenté ante unos cien líderes de nuestra iglesia una pregunta con mucho significado:

«Si el dinero no tuviera uso para ustedes, ¿qué harían con el resto de su vida?».

Sabiendo que las respuestas a tal pregunta pueden revelar de veras la mayor pasión de la persona, esperaba respuestas bellas, transformadoras: «Sería voluntario en el centro de mujeres en crisis que esperan un bebé». «Serviría en un orfanato de Haití». «Sería mentora de niños pobres».

Pero me esperaba una sorpresa. En vez de este tipo de respuestas, centradas en el otro, la gran mayoría contestó como si fueran empresarios a punto de retirarse: «Viajaría». «Compraría una casa más grande». «Me compraría un velero».

De veras me sorprendió. *¿Por qué es que sus mayores sueños y objetivos son tan egocéntricos?* Quería encerrarlos a todos en una habitación y decirles: «¿Realmente piensan que Dios envió a Jesús a sangrar y morir por nuestros pecados para que nuestro sueño más grande en la vida sea comprarnos un velero?». Estaba muy desilusionado con sus respuestas, pero en parte sabía que yo era responsable de eso. Porque Dios me había dado el privilegio de cuidar a sus ovejas y alimentar a su rebaño espiritualmente. Era evidente que tenía que mejorar, y mucho.

Mientras reflexionaba en sus sueños, de repente todo adquirió más sentido.

La gente normal quiere vivir una vida sin cargas. Por naturaleza, pensamos primero en nosotros mismos. Es incuestionablemente normal. Pero lo bueno es que Dios no nos llamó a ser normales. Pablo dice en Efesios: «Somos hechura de Dios, creados en Cristo Jesús para buenas obras, las cuales Dios dispuso de antemano a fin de que las pongamos en práctica» (Efesios 2:10). Piensa e imagina: antes de que nacieras, Dios ya sabía lo que quería que hicieses. Dios decidió que este momento de la historia era perfecto para que tú le glorificaras y marcaras una diferencia eterna. Así que Dios te dio dones, talentos, pasiones y experiencias que son únicos, a fin de impulsarte hacia el propósito que tiene para tu vida.

En lugar de vivir para las bendiciones normales, ¿qué pasaría si te tomaras un momento para ponerle nombre a tu bendición más reciente (y anormal)? Dios te puso sobre la tierra con una misión divina, algo que preparó de antemano para que hagas. He visto que las cosas que nos entristecen, las que nos provocan justa ira, o las que nos importan y a los demás no parecen interesarles, son justamente la clave que nos muestra el motivo de nuestras vidas. Son nuestra carga.

Así que, ¿lo has pensado? ¿Cuál es tu carga? Piensa en ello. Y dale vida. ¿Cuál es? Dilo en voz alta o, si lo prefieres, escríbelo en el espacio en blanco: «Mi bendición anormal es sentir una carga por

_____».

CADA ESTRELLA DE MAR CUENTA

Un día, cierto caballero de edad avanzaba iba paseando por la playa cuando vio a un chico que se dedicaba a levantar estrellas de mar de la arena para devolverlas al agua. Al notar que había cientos —o miles— de ellas por levantar, el señor sonrió con educación mientras se acercaba al entusiasta rescatista:

—Oye, muchacho —dijo con tono compasivo—. No pierdas tu tiempo. Hay demasiadas. Jamás podrás marcar la diferencia.

El muchacho lo miró, sosteniendo una estrella de mar en la palma de su mano, y de repente la arrojó con fuerza de vuelta al océano.

—Para esta, ¡sí que marqué una diferencia! —exclamó, y siguió con su misión.

Si sales del modo normal y permites que tu carga crezca dentro de ti, es muy probable que en ocasiones sientas que tu esfuerzo de nada vale. Oirás una voz que te dice en tono burlón: «Déjalo ya. No podrás cambiar las cosas. ¿Qué diferencia habrá, después de todo?».

Cuando oigas esa voz de duda, recuerda que no puedes hacerlo todo, pero sí puedes hacer algo. Cada estrella de mar cuenta.

A medida que tu carga vaya creciendo, y rompa tu corazón, y abra tus ojos, no dudes en actuar. Como Nehemías, quizá llores, ayunes y ores. Luego, levántate y haz algo. Pide ayuda. Recauda fondos. Viaja. Escribe un capítulo. Inicia un blog. Apadrina a un pequeño. Conviértete en un Gran Hermano. Lanza un ministerio. Haz algo. No puedes hacerlo todo. Pero puedes hacer algo.

Hace años, alguien escribió esta oración poderosa. Es lo que yo pido para todos los que anhelamos más que la gratificación de las bendiciones normales:

Que Dios te bendiga con incomodidad ante las respuestas fáciles, las medias verdades y las relaciones superficiales, para que puedas tener vida en lo más profundo de tu corazón. Que Dios te bendiga con la ira ante la injusticia, la opresión y la explotación de las personas, para que puedas trabajar por la justicia, la libertad y la paz. Que Dios te bendiga con lágrimas que derrames por los que sufren dolor, rechazo, hambre, para que puedas extender tu mano para consolarlos y convertir su pena en gozo. Que Dios te bendiga con la locura de creer que puedes sobresalir en este mundo, para que puedas hacer lo que otros dicen que es imposible. Que Dios te bendiga con la bendición más anormal e inusual posible: dándote una carga divina.

Capítulo 15

UNA SOLA COSA

Quien mucho abarca poco aprieta.

—Proverbio italiano

La víspera de Año Nuevo suelo sentirlo: «¡Ah! ¡Qué rápido pasó el año!». Casi siempre espero el nuevo año con entusiasmo y anticipando todo lo que Dios tiene reservado para ese lapso. Pero en ocasiones, no puedo dejar de pensar: «¡Ay! ¡Cuánto me alegro de que haya terminado este año!». Ambas cosas son normales, supongo.

Es también bastante normal proponerse resoluciones para el nuevo año, que suelen ser cosas como perder peso o dejar de fumar, pasar más tiempo con la familia o dar inicio a algún proyecto. Por desdicha, para fines de enero el cuarenta por ciento de la gente que tomó decisiones en Año Nuevo las han abandonado. Para el Día de San Valentín, el porcentaje de los que no pueden sostener lo que comenzaron sube al setenta y cinco por ciento. Yo también hice lo mísmo: tomé decisiones y las abandoné después, pero en estos últimos años he cambiado mi ritual de Año Nuevo de forma anormal, pero positiva. En lugar de hacer una larga lista de resoluciones para mí mismo, solo tomo una resolución que haya elegido otra persona.

Cuando comienza un nuevo año, además de hacerlo en otros momentos de la vida, muchos intentamos imaginar todas las cosas que nos gustaría cambiar en nuestras vidas, y entonces queremos hacer todo a la vez. Hay personas que hasta se organizan para anotar en una lista sus objetivos y acciones programadas. Por lo general, pasamos más tiempo haciendo esas listas que cumpliendo con el plan de acción. Muchas personas tienen cantidad de ideas sin concretar, y me incluyo.

De modo que sabía que si de veras quería cambiar y efectuar un cambio en la dirección correcta para parecerme más a Jesús, entonces necesitaba otra visión. Una visión anormal. Por eso, hace unos años implementé una disciplina particular para limitar el enfoque de mi vida y centrar mi atención en el cumplimiento de pocos objetivos. En los meses previos al Año Nuevo, oro constantemente preguntándole a Dios: «¿Cuál es la *única cosa* que quieres que cambie en mi vida el año que viene?» En vez de terminar con una larga lista de resoluciones de Año Nuevo, centro mi atención en esa sola cosa que Dios me revela. Y como confío en la sabiduría divina para dirigir mis pasos más de lo que confío en mis propias intenciones, con toda intención pido y escucho su voz para saber cuál es esa única cosa.

Tal vez no te parezca gran cosa. Pero si lo piensas, verás que cuando uno intenta cambiar varias cosas, todas en un año, y no logra cumplir ninguna, ¿qué obtendrá? ¿Para qué molestarse si lo único que sentiremos es frustración una vez más? Así que, considera la alternativa anormal: si puedes cambiar una sola cosa en tu vida, y la cambias por completo, entonces en una década el paisaje de tu vida se verá radicalmente distinto. Diez cosas sumadas. Diez grandes cambios. Diez disciplinas. Diez pasos más cerca de la persona que Dios quiere que seas. Una década de cosas sumadas una a una dará como resultado una vida distinta.

PAVIMENTADO CON BUENAS INTENCIONES

Casi todos tenemos buenas intenciones en cuanto a sostener nuestras resoluciones. Pero ambos sabemos que las buenas intenciones sin acción no logran mejorar la vida de nadie. Es normal tomar una resolución y con buena intención decidir que la cumpliremos, y hasta podemos mantener el compromiso durante un tiempo, pero luego abandonamos el intento. Si quieres ser mejor que lo normal, tendrás que pasar de las buenas intenciones a lo que llamo «intenciones de Dios».

Las buenas intenciones son las ideas que nos motivan a trazar y lograr objetivos que con toda sinceridad queremos alcanzar. Ahora bien, las intenciones de Dios van más allá, porque nos llevan a descubrir y actuar según lo que él quiere que hagamos. A nosotros se nos ocurren las buenas intenciones, pero las de Dios son las ideas de nuestro Padre.

> **Si quieres ser mejor que lo normal, tendrás que pasar de las buenas intenciones a lo que llamo «intenciones de Dios».**

¿Cómo enterarnos de las intenciones de Dios? Puedes preguntarle qué quiere para ti. Si escuchas al Espíritu de Dios, creo que te hablará directamente y te mostrará esa *única cosa* que quiere para ti y de ti, eso que quiere hacer en tu vida. En vez de solo tener buenas intenciones que se centran en mí, puedo tener intenciones divinas, que se centran en él. Y cuando Dios nos pone algo dentro, puedes tener la certeza de que se cumplirá.

Además de encontrar esa *única cosa* para mi vida en el Año Nuevo, siempre repaso el capítulo 43 de Isaías, en el que Dios le da al pueblo de Israel una cantidad de bellísimas y poderosas promesas. En los versículos 18 y 19 les da una promesa particularmente transformadora, y que creo que hoy es útil para ti y para mí: «Olviden las cosas de antaño; ya no vivan en el pasado. ¡Voy a hacer algo nuevo!

Ya está sucediendo, ¿no se dan cuenta? Estoy abriendo un camino en el desierto, y ríos en lugares desolados».

Quizá Dios quiera hacer algo nuevo para ti. Algo diferente. Algo anormal. Y tal vez no esté esperando al Año Nuevo para revelártelo, sino que podría estar empezando ahora mismo.

$$TÚ + 4 = 1$$

Si en serio deseas conocer dónde quiere Dios que centres tu atención en este mismo momento, entonces hay cuatro preguntas que pueden ayudarte a aclarar tu discernimiento. Al centrarte en descubrir tu única cosa, pregúntate lo siguiente. Podrás anotar tus respuestas si eso te ayuda, o conversar con alguien de confianza que te conozca bien, orando por cada una de tus respuestas y escuchando la voz de Dios con atención.

1. ¿Qué sola cosa deseas de Dios?

Si Dios te dijera hoy: «Haré lo que sea que me pidas», ¿qué le pedirías?

Durante su vida, y como nos lo dicen las Escrituras, David le pidió diferentes cosas a Dios: fuerza, coraje, victoria sobre los enemigos, ayuda para sus hijos, perdón. Pero entre todas ellas hay una oración en la que David centró su mira, concentrando sus deseos en un único pedido: «*Una sola cosa* le pido al Señor, y es lo único que persigo: habitar en la casa del Señor todos los días de mi vida, para contemplar la hermosura del Señor y recrearme en su templo» (Salmo 27:4, énfasis mío). La Biblia nos dice que David era un hombre conforme al corazón de Dios, y en este versículo vemos una clara revelación de ello. David resume las muchas necesidades, deseos y anhelos que pudieran estar dando vueltas en su interior y dice en esencia: «Si pudiera tener *una única cosa*, quiero estar con Dios, en su presencia, saber que él siempre está conmigo». Sea en las buenas o en las malas, David sabía qué era lo que más falta le haría siempre: sentir la presencia de Dios cerca, íntimamente, por medio de la adoración.

¿Cuál es la *única cosa* que deseas de Dios?

Hace unos años, me hallaba ante una serie de problemas. Porque nuestra iglesia estaba creciendo y casi todos los días veíamos que se transformaban las vidas de varias personas. Dentro de mí sentía la carga de que tendría que saber cómo lidiar con ese crecimiento, cómo hallar líderes adecuados. Recordaba que Dios le había ofrecido al rey Salomón darle lo que quisiera (2 Crónicas 1:7-10), y le pedí lo mismo que Salomón: sabiduría. «Padre», oré, «esto es demasiado. Tengo problemas. Este año, ahora mismo, por favor dame sabiduría».

Dios me dirigió al libro de Proverbios. Empecé a leer un capítulo por día, lo cual hice durante un año. Como Proverbios tiene 31 capítulos, eso significa que leí el libro entero doce veces ese año. Dios nos promete que si nos falta sabiduría y se la pedimos, él nos la dará (Santiago 1:5). Y comenzó a dármela. ¡Eso explica también por qué incluí tantos versículos de Proverbios en este libro!

¿Qué es esa *única cosa* que deseas? Tal vez alguien que tienes cerca no es creyente y esa *única* cosa que quieres es que Dios te use para llevar a esa persona a una relación con Cristo. O tal vez tengas el problema de una adicción o algo más, y por eso no puedes profundizar tu propia relación con Dios. También puede ser que al ver tu matrimonio notes que no está donde Dios quiere que esté. Sentirás la tentación de pedirle que arregle a la otra persona, pero mejor considera esta oración: «Señor, por favor, cambia mi corazón. Por favor, haz que sea la persona que tú quieres que sea. En lo que de mí dependa, por favor, dame la gracia de vivir en paz con mi cónyuge. Y, por favor, sana nuestro matrimonio».

Tal vez haya llegado el momento de reducir la velocidad y honrar la promesa que le has estado haciendo a tu familia durante años y que siempre rompes. Si piensas en el futuro, verás que tus hijos han crecido, que tu cónyuge ya es mayor, que tus amigos van y vienen. Y todo eso lo estás desaprovechando porque te pierdes en el trajín de ir y venir, de la oficina, de los viajes de negocios, de las tareas de la casa, de las cuentas, de las obligaciones y todo lo demás que la vida parece exigirnos con tal urgencia. ¿Es así como quieres vivir de veras? ¿Es así como Dios quiere que vivas?

Tal vez no te hayas casado y sientes que todos los demás sí lo han logrado. Aunque te alegras por ellos, al mismo tiempo sientes soledad. Querrías a alguien contigo, pero en este momento eso no sucede. Quizá puedas orar: «Padre, por favor, haz que me baste estar contigo. Por favor, ayúdame a que tu presencia me satisfaga plenamente».

¿Cuál es la *única cosa* que deseas de Dios?

2. ¿Qué *única* cosa te falta?

Si puedes ver con franqueza tu vida espiritual, tu relación con Dios, ¿qué *única* cosa te falta? ¿Recuerdas la historia del joven rico que fue a pedirle consejo a Jesús?

Le pregunta:

—Jesús, ¿qué tengo que hacer para heredar la vida eterna?

Y Jesús responde:

—Obedece los mandamientos.

El joven repasa la lista mentalmente: «El primero, lo cumplo. El segundo, también. El tercero, sí. El cuarto…».

Y dice:

—Ya hago todas esas cosas.

Jesús, por supuesto, puede ver más allá de la obediencia exterior del joven, en su corazón directamente. Y allí ve un problema del que este joven no tiene conciencia siquiera. Entonces, Jesús le dice algo que jamás le dijo a nadie más. Marcos 10:21 señala: «Jesús lo miró con amor y añadió: —Una sola cosa te falta: anda, vende todo lo que tienes y dáselo a los pobres, y tendrás tesoro en el cielo. Luego ven y sígueme».

Esta historia me fascina por varias razones. Ante todo, dice con claridad que Jesús amaba a este hombre. Su respuesta sería difícil para él, y por eso Jesús se aseguró de enmarcarla en su amor. En segundo lugar, Cristo le ofrece a este tipo la oportunidad de seguirle. Además de a los discípulos, jamás se lo ofreció a nadie. Finalmente,

Jesús resumió todo el problema en la única cosa que le faltaba al joven rico. No en dos cosas. No en una docena de cosas. Solo en una.

En nuestro caso, suele haber una sola cosa que nos impide seguir completamente a Jesús. Para ese joven eran las posesiones materiales, porque creía que la riqueza podía darle seguridad. Pero no podía dejarlas, incluso cuando Dios le mostró específicamente lo que le faltaba, esa sola cosa. No estuvo dispuesto a hacer la única cosa que le habría dado el mayor beneficio espiritual. Y se alejó con tristeza.

Si somos sinceros con nosotros mismos, casi todos sabemos cuál es la sola cosa que nos falta. ¿Ha habido algo que Dios sigue poniendo una y otra vez en tu corazón? Tal vez luchaste contra ello, o lo ignoraste y nada más. Pero nunca lo enfrentaste para resolverlo. Es hora ya. ¿Qué te está diciendo Jesús sobre la sola cosa que te falta?

Tal vez sea simplemente pasar tiempo en la Palabra de Dios. Solías hacerlo, pero cuando tu vida se aceleró, con el matrimonio, un nuevo empleo y luego los chicos y la mudanza, no tenías tiempo ya. O quizá leías la Biblia con frecuencia en tu niñez, pero ahora ya no te parece ni tan importante ni tan fresca como antes.

Es posible que hayas estado yendo a la iglesia durante mucho tiempo, pero que nunca te hayas molestado en hacer amigos cristianos, en buscar la comunión, en rodearte de personas que puedan orar por ti, ante quienes rindas cuentas. Sí, quizá tenías la intención, pero nunca lo hiciste ni diste el primer paso. Puede ser que te resistieras por timidez, por incomodidad, o por no saber por dónde empezar. Pero en el fondo, *lo sabes*: esa sola cosa podría ser el catalizador que te ayude al fin a despegar espiritualmente.

Hay gente que tiene un verdadero problema con la idea del diezmo. Habrás oído decir: «Dale a Dios lo primero y lo mejor, y confía en que él bendecirá todo lo demás». Leíste versículos bíblicos sobre el dar. Y sabes qué dice la Biblia. Sabes lo que es correcto. Solo necesitas responder una pregunta, de una vez por todas: «¿Realmente creo en lo que dice? ¿O no?». Dios te está preguntando: «¿Vas a confiar en mí?».

O quizá sabes que necesitas alguien ante quien debas rendir cuentas. Sin esa persona que te hable y te mantenga en el curso correcto de lo que crees, tienes una tendencia a desviarte y caer en un pecado habitual, y lo reconoces.

¿Qué te impide la relación con Dios? ¿Qué única cosa te falta?

3. ¿Cuál es la *única cosa* que necesitas dejar?

Como vimos ya, la gente normal suele aferrarse a todo tipo de cosas: la actividad, las ocupaciones, el dinero, las posesiones, el rencor. Es probable que haya llegado la hora de volverse anormales y hacer algo distinto para dejar esa sola cosa. En Filipenses 3:7-11, el apóstol Pablo cuenta con pasión que desea no solo saber acerca de Cristo, sino *conocerlo* al punto de que incluso busca compartir su sufrimiento. Y explica lo que hace falta para que eso suceda: «Hermanos, no pienso que yo mismo lo haya logrado ya. Más bien, *una cosa hago*: olvidando lo que queda atrás y esforzándome por alcanzar lo que está delante, sigo avanzando hacia la meta para ganar el premio que Dios ofrece mediante su llamamiento celestial en Cristo Jesús» (vv. 13-14, énfasis mío).

Esa sola cosa que hacía Pablo era comprometerse a olvidar el pasado, a seguir adelante hacia el futuro. En una única decisión, y con la acción que fluía de esta, deja ir el pasado y avanza, pase lo que pase.

¿Qué era lo que le impedía a Pablo conocer a Cristo? Por desdicha no lo sabemos con certeza, ya que las Escrituras no nos lo dicen. Pero sí sabemos que habían pasado cosas en el pasado. Había sido testigo del apedreamiento a muerte de Esteban, el primer mártir cristiano. Quizá fuera eso lo que quería dejar atrás. Cuando lo conocían por su nombre original, Saulo, Pablo disfrutaba de la autoridad que le habían dado los mayores de la sinagoga para perseguir a los cristianos, ponerlos en prisión e incluso ejecutarlos. Tal vez quisiera olvidar esas cosas malas. O probablemente fuera el dolor físico y sicológico que había sufrido cuando lo persiguieron por su fe en Cristo: el tiempo en prisión, los azotes, los naufragios. Tal vez, cada una de esas cosas que Pablo había sufrido, por las que le habían acusado injustamente y castigado, fueran lo que quería olvidar, para perdonar a sus acusadores y dejar todo eso atrás a fin de ir hacia adelante. Para eso hace falta disciplina y concentración.

Si no estás avanzando y no te diriges hacia donde Dios quiere que estés, probablemente sea porque te aferras a algo del pasado. Es hora de dejarlo atrás. Alguien te hirió. Albergas enojo y amargura, y te niegas a perdonar. Es una respuesta comprensible y normal. Pero Dios quiere hacer algo nuevo. No puedes vivir en el pasado. Tienes que olvidar lo que quedó atrás y seguir adelante. Estoy convencido de que uno de los principales desafíos para los matrimonios de hoy es el hecho de que muchas personas no pueden dejar el pasado atrás. Entonces, si alguien los hirió, siguen castigándolo por lo que haya hecho.

Puede ser que no se trate de una ofensa o desilusión. Podría tratarse de la decepción que te has causado por haber fracasado en algo, y por eso crees que no sirves para nada. O si te involucraste en algo sexualmente inmoral, o traicionaste a tu socio de negocios, o cometiste fraude, o insultaste a un amigo al que envidias, es hora de que lo confieses, que pidas perdón (a Dios y a los afectados) y dejes todo eso atrás. Lo pasado, pasado. Avanza ahora. Deja ya el dolor del pasado y sigue adelante. Es un nuevo día y Dios está haciendo algo nuevo. Quiere llevarte a un lugar nuevo para transformarte en una persona nueva. ¿Qué es lo que tienes que dejar atrás?

4. ¿Qué promesa necesitas reclamar?

A menudo uno siente que Dios ya le ha mostrado una visión para su futuro, y sabe que él le está guiando hacia alguna parte, que tiene algo preparado. Pero todavía no ha sucedido nada. Y entonces uno se pregunta constantemente: «¿Dónde estás, Dios?». David conocía esa sensación muy bien. En el Antiguo Testamento (1 Samuel 16), David era jovencito cuando Samuel lo ungió como próximo rey de Israel. Básicamente, Samuel viajó a Belén y miró a cada uno de los hijos de Isaí como Dios le había dicho que hiciera. Cuando vio a Eliab, Dios le dijo: «No te dejes impresionar por su apariencia ni por su estatura, pues yo lo he rechazado. La gente se fija en las apariencias, pero yo me fijo en el corazón» (v. 7).

Así que Samuel pensó: «Buen mozo, seguramente. Pero no es él. El siguiente. Tiene talento… pero no. Este es fuerte. No, lo siento. ¿Quién más hay?».

Isaí respondió algo como: «Bueno, está el chiquito que cuida las ovejas».

Y Samuel lo hizo venir. Cuando vio a David, Dios le dijo: «Éste es; levántate y úngelo» (v. 12). Dios había hecho la promesa de que David sería el próximo rey de Israel.

Apenas fue ungido, sin embargo, parecía que daba un paso hacia adelante y dos hacia atrás. David veía una victoria y Saúl venía detrás de él tratando de acabarlo y destruirlo. Seguramente David pensaría: «No lo entiendo, Dios. Sé que es lo que dijiste que iba a suceder, pero ¿cuál es el impedimento?».

No tenemos que perder las esperanzas en torno a una promesa específica que Dios nos haya dado. Podrá no verse como lo esperábamos (¿quién esperaba que el Mesías naciera en un establo?), ni llegar cuando queremos que llegue (¿quién sabía que Abraham y Sara podrían tener hijos a tan avanzada edad?), pero Dios es siempre fiel a su palabra. Romanos 8:31-32 dice: «¿Qué diremos frente a esto? Si Dios está de nuestra parte, ¿quién puede estar en contra nuestra? El que no escatimó ni a su propio Hijo, sino que lo entregó por todos nosotros, ¿cómo no habrá de darnos generosamente, junto con él, todas las cosas?». Debido a que esta promesa es verdad, incluso si no ves que nada más en tu vida opera como piensas que debería trabajar, ¡con eso basta! Dios sigue al mando. Y está de tu parte. Solo tienes que ser paciente.

Es más fácil decirlo que hacerlo, lo sé. Cuando nuestra iglesia era joven todavía, recuerdo que una vez empecé a tener todo tipo de problemas físicos. Tras bambalinas, me sentía ansioso, aterrado porque sabía que la iglesia había crecido más que mi capacidad de liderazgo. Y finalmente me di cuenta de cuál era el problema principal:

dependía demasiado de mis propias capacidades. Me incliné ante Dios y empecé a hablarle: «Padre, por favor, ayúdanos. Soy tan débil. No sé qué hacer. Todo lo que tengo que ofrecerle a este ministerio es poco e inadecuado. No soy lo suficientemente inteligente para hacer esto. No soy tan bueno. ¡Por favor, ayúdame!». Ese año Dios me dio la promesa que sigo sosteniendo hoy en mi corazón: «Te basta con mi gracia, pues mi poder se perfecciona en la debilidad» (2 Corintios 12:9). Desde entonces, y durante estos más de diez años, hemos seguido levantando y construyendo nuestra iglesia, no basándonos en nuestras fuerzas, sino en nuestras debilidades. Es solo en la debilidad que se hace perfecta la fuerza de Dios, su poder. No puedo describir la cantidad de veces que le recordé esa promesa a Dios y le pedí que la cumpliera en nuestras vidas.

¿Qué promesa de Dios te hace falta reclamar?

UNO PARA TODOS

Estoy dispuesto a admitir una cosa: hay muchísimas cosas que no sé. Pero eso no importa. Lo que vale es la sola cosa que sé con toda certeza: Dios está conmigo y está contigo también, incluso ahora mismo, mientras lees estas palabras. Y él está de tu parte, y quiere ayudarte a ser la persona que pensó cuando te creó. Él es el «uno para todos» de cada uno de nosotros.

No tenemos que arrastrar las pesadas cargas que nos agobian y nos impiden avanzar. No necesitamos ponernos decenas de objetivos nuevos para probarles a los demás, o a Dios, que tenemos fuerzas suficientes como para cambiar. No tenemos que arreglarnos a nosotros mismos. Más bien, solo hace falta que mantengamos la atención fija en nuestra perla de gran precio, en la única gema que concreta todo aquello que verdaderamente anhelamos. Reflexiona en las ideas y sentimientos que, espero, ha despertado en ti este capítulo.

¿Qué es la única cosa que deseas de Dios, por sobre todo lo demás? Piensa con detenimiento. Con sinceridad. Con atención.

¿Cuál es la única cosa que el Espíritu Santo te muestra que no tienes? ¿Tendrás el valor de obedecer a la voz de Dios?

¿Cuál es la cosa que necesitas dejar atrás? Es hora ya. Olvídala. Sigue adelante.

¿Qué promesa necesitas reclamar? Encuéntrala. No te rindas. Aférrate a ella.

La gente normal intenta alcanzar innumerable cantidad de metas y objetivos con un éxito limitado. La gente anormal se centra en un único objetivo dado por Dios, con resultados fantásticos. En vez de tratar de abarcarlo todo en el mural de tu vida, tal vez sea tiempo de acercar la lente a un detalle importante, a un color significativo, a una pincelada delicada. Centra toda tu atención en ello. Deja que Dios cree en ti su obra maestra. Él hará de ti una persona verdaderamente distinta, gozosamente anormal.

Conclusión

MÁS ANORMALES
QUE NORMALES

La tibia aceptación es mucho más confusa que el rechazo franco.

—MARTIN LUTHER KING

Hace poco llevé a mi hija Anna al centro de compras para que le perforaran las orejas como regalo de cumpleaños. Después de elegir su primer par de aretes, se sentó con calma en la silla, mientras una mujer que se veía muy profesional en su tarea apuntó su dispositivo (que me pareció similar a una engrapadora de oficina) al lóbulo de la oreja de mi dulce cumpleañera. Anna me dirigió una sonrisa, soportando con valentía el dolor, sin mostrar una pizca de miedo.

Luego, orgullosa de sus orejas y sus aretes brillantes, Anna me llevó a nuestro siguiente destino en el circuito de cumpleaños: la tienda de golosinas. Compramos lo que más le gusta, por supuesto, además de otros dulces que pensé que podía compartir con sus hermanos y hermanas (bueno, al menos con sus hermanas), y también compramos algunos para mí (solo para mostrarle que yo tenía el espíritu del cumpleaños). Mientras esperábamos en la fila de la caja, me maravillé ante la selección de todo tipo de golosinas. ¿Quién diría que hay un mercado tan grande para los roedores de caramelos? Me pareció interesante el hueso cubierto de chocolate, y pensé que podría comprarlo para hacerles una broma a Amy y los chicos.

—Oye, Anna, ¡mira esta golosina para perros! ¿No es graciosa? —le dije.

Cuando la miré, vi que su rostro se había puesto verdoso, y se veía cada vez peor.

—Papi, creo que voy a vomitar —susurró.

Evidentemente, el trauma de hacerse perforar las orejas ahora se hacía evidente. Sin perder un segundo, la alcé al mejor estilo Jack Bauer y corrí hasta un cubo de residuos que había visto cerca. Anna parecía un pequeño volcán en erupción. Vomitó *por todos lados*. Fue ese tipo de vómito proyectil, incontrolable. *Por todos lados*.

AMANTE DE MEDIO TIEMPO

Hace años, me preocupaba mucho lo que pensaran los demás. Y Dios me mostró algo que me dejó tan descompuesto como lo estaba Anna ese día en que se perforó las orejas. Mientras reflexionaba y me debatía en cuanto a si a tal o cual persona le gustaría mi sermón de la semana, o en por qué tantos de la congregación parecían tener el don de la crítica, vi que me había vuelto pastor de tiempo completo, pero cristiano de medio tiempo.

Me sentí devastado y supe que tenía que volver a enfocarme en mi primer amor si quería parecerme más a Cristo y ministrar eficazmente a los demás en su nombre. Tal vez conozcas esa sensación. Tus múltiples roles pueden convertirse en trabajos de tiempo completo, que compiten entre sí y le restan atención y tiempo a tu fe. Puedes ser mamá de tiempo completo y seguidora de Cristo a medio tiempo. Los chicos te consumen todo el tiempo y las energías posibles. Y cada día es una lucha constante, solo para que las cosas salgan como deben salir: la tarea de la escuela, el baño, la ropa sucia, la cocina, las compras, la limpieza, el ir y venir llevando y trayendo a los niños.

Si tienes tu propio negocio o empresa, tal vez esa sea tu ocupación de tiempo completo y sigues a Cristo medio tiempo nada más. Sabes hacer tu trabajo y tienes talento para los negocios. Sientes que es una bendición hacer lo que te gusta para ganarte la vida. Quizá seas músico a tiempo completo y seguidor de Cristo a medio tiempo. Y hasta dices muchas veces: «La música es mi vida». Tocas, ensayas, escribes, todo lo oyes en son de notas musicales, acordes, letras de canciones. O tal vez seas estudiante a tiempo completo y seguidora de Cristo a medio tiempo. Tienes clases, calificaciones que hay que mantener, y también un empleo, posiblemente.

No importa cuál sea la situación, has tomado conciencia de que tu fe, por desdicha, ya no es la prioridad como lo era antes. Si es que es prioridad. Jamás buscaste que sucediera esto, pero un día despertaste y te diste cuenta de que ya no sentías pasión por Dios. Sigues creyendo en él, sí, claro. Y hasta crees en Jesús y en lo que hizo por ti. Pero hay tantas otras presiones y jalones en tu vida que ahora eres amante de tu mundo a tiempo completo y amante de Dios a medio tiempo.

Te has entibiado. Dios dice que eso le da ganas de vomitar.

A TEMPERATURA AMBIENTE

Mi preocupación con respecto a nuestra cultura, y mi motivación principal para escribir este libro, es que hemos convertido la tibieza en sinónimo de lo normal. «El Señor dice: "Este pueblo me alaba con la boca y me honra con los labios, pero su corazón está lejos de mí. Su adoración no es más que un mandato enseñado por hombres"» (Isaías 29:13). En muchos aspectos, Dios describe a los cristianos «normales» de hoy. Dice: «No están cerca de mí en absoluto. Hablan de las cosas de Dios, pero sus corazones y sus acciones están lejos de mí».

Dios nos mira viviendo hoy en la tierra, e imagino que es eso lo que nos describe. No somos muy diferentes de los que no son cristianos. Somos normales. Usamos nuestro tiempo y nuestro dinero igual que las personas normales. Nos conducimos como casi todo el mundo. Tenemos los mismos problemas matrimoniales que los demás. Y los mismos problemas con los hijos. La tasa de divorcios entre los cristianos no es inferior a la de los no creyentes. Sí, afirmamos que creemos en Dios, pero no queremos creer tanto como para ser distintos. No queremos ser exagerados con este asunto de la religión. Sí, claro que queremos creer en Dios, pero no nos gusta sobresalir y que otros nos malinterpreten o nos etiqueten.

En el tercer capítulo de Apocalipsis, Jesús les habla a siete iglesias. A seis de ellas, aunque las corrige, les dice al menos algo bueno de cada una. Pero no dice nada positivo sobre la séptima, la iglesia de Laodicea. La severidad de su advertencia cobra más sentido si uno sabe un poquito más sobre ese lugar. Laodicea era una ciudad fenomenalmente rica. Treinta y cinco años antes de que se escribieran esos versículos, un terrible terremoto había arrasado con Laodicea, pero como había tanta riqueza, sus habitantes pudieron reconstruirla de inmediato. Ahora bien, como sucede cuando se tiene mucho dinero, no reconstruyeron solo lo que tenían antes, sino algo mucho más grande, a gran escala. Terminaron con una ciudad parecida a las que tenemos hoy: enormes teatros, gigantescos estadios, baños públicos lujosos y centros de compras muy surtidos y grandes. Imagina la franja de Las Vegas concretándose de la noche a la mañana. Así tiene que haber sido el renacimiento de esta antigua capital del placer. Pero tuvieron que pagar un precio alto. Porque entre la reconstrucción de su maravillosa ciudad y el disfrute de sus muchas novedades, olvidaron a Dios. Sí, claro que creían en él, lo reconocían también. Pero Dios no tenía nada que ver con su estilo de vida.

Aquí está entonces lo que Jesús les dijo: «Conozco tus obras; sé que no eres ni frío ni caliente. ¡Ojalá fueras lo uno o lo otro!» (Apocalipsis 3:1). Observa que dice: «Conozco tus obras», y no: «He oído tus palabras» o «Aprecio lo que dices». No, señor. Es claro como el agua que Jesús dice: «Conozco tus acciones, tus obras, tu conducta». Y su mensaje es igual de claro: «Sé que afirmas que crees en mí, pero no lo veo en la forma en que vives».

No era que odiaran a Dios, que tuvieran los corazones fríos y que no quisieran saber nada de seguir a Jesús y sus enseñanzas. No rechazaban las cosas de Dios. Pero tampoco eran apasionados buscadores de él. No ardían de deseos de conocerle, amarle y servirle. Nada más estaban... ahí. Yendo por la autopista ancha, alegres y contentos. Como todo el mundo. Como la gente normal.

Otro dato histórico nos ayuda a apreciar las palabras de Jesús. Aunque Laodicea era una ciudad muy rica, no contaba con una fuente local de agua que pudieran usar sus habitantes. Toda el agua tenía que traerse desde dos lugares. Uno era una fuente de agua termal, y aunque podían utilizar tuberías, para cuando el agua llegaba ya se había enfriado bastante. La otra era un arroyo de agua fresca a unos kilómetros de la ciudad, pero para cuando el agua llegaba ya se había entibiado a temperatura ambiente. De modo que Laodicea no tenía ni agua caliente ni agua fría. Solo agua tibia.

«Por tanto, como no eres ni frío ni caliente, sino tibio, estoy por vomitarte de mi boca» (Apocalipsis 3:16). El término griego es *emeo*, que significa escupir o vomitar (sabías que iba a volver al tema, ¿verdad?). Jesús los acusa: «Deberían saber quién soy, pero no son distintos a todos los demás. No puedo tragarlos. Me dan ganas de vomitar».

Imagina a Dios mirando casi todo lo que pasa hoy en la cristiandad y diciendo: «Yo sé quién soy. Sé lo que hice por ustedes. Les envié a mi Hijo Jesús para que pudieran tener vida de verdad. Y, sin embargo, actúan como si pensaran que pueden intercalarme en su plan cada tanto, y que con eso quedaré satisfecho. Yo, el único y verdadero, santo Dios».

EL COLMO DEL OXÍMORON

Dos palabras que son opuestas, pero se combinan en una misma frase, conforman un oxímoron. Como «camarones gigantes», «eficiencia burocrática», «Microsoft trabaja». Si hay un oxímoron que les gana a todos, en mi opinión sería el del cristiano tibio. ¿Cómo será un cristiano tibio? Podría decirse que es alguien que cree en Cristo, pero que no se diferencia de la gente que no cree en él.

Para ser discípulo de Jesús, ser uno de los suyos, uno debe morir a sí mismo a fin de vivir enteramente y de manera santa para él. ¿Cómo podríamos creer a medias en aquel que sangró, murió y resucitó para que pudiéramos conocer a Dios? ¿Cómo podemos decir que Cristo es nuestro Señor, y vivir como si no existiera siquiera? ¿Cristianos tibios? No debiera existir tal cosa. Porque eso le da a Dios ganas de vomitar.

Cuando leo acerca de la gente de Laodicea, no puedo dejar de pensar en nuestro mundo. Los estadios, los teatros, los centros de compras. Es muy parecido al de ellos. Es fácil creer en Dios en nuestro país. Pero casi se hace más difícil servirle con autenticidad cuando nuestras vidas son tan cómodas y fáciles.

En otros lugares del mundo ocurre lo contrario. Como el precio de seguir a Jesús es tan alto, no tienen más opción que la de vivir de manera drásticamente diferente. No se puede ser tibio en esas culturas. ¿Quieres saber de la iglesia de Jesús que es caliente? ¿Quieres ver fuego? Visita un país donde si confiesas a Cristo te meten en prisión o incluso te ejecutan. En esos lugares, si dices que eres cristiano, estás diciendo algo. *Lo estás diciendo todo.* Porque identificarte como cristiano puede costarte la vida, literalmente. Estos seguidores de Jesús se ven obligados al sacrificio. Dan. Oran. Son diferentes. Creen *de verdad*.

Aquí en nuestro país es más difícil, porque puedes creer más o menos y mezclarte con todos sin problemas. Esa es la base de mi preocupación: puedes ser tibio sin saberlo. O peor todavía, puedes saberlo… y que no te importe.

Tal vez sientes que tienes ya suficiente con Dios, siempre y cuando la economía ande bien. Sinceramente, incluso con la economía en desaceleración, seguimos siendo ricos. Como ya te dije, la gente que tiene una vida normal cuenta con todo lo que satisface sus necesidades básicas y una cantidad de oportunidades que los verdaderamente empobrecidos no tienen. Pero seguimos queriendo más, ser más ricos. Porque si somos más ricos, ya no necesitamos a Dios. Porque lo que nos haga falta podremos diseñarlo, construirlo o comprarlo.

Este es el mismo mensaje que Jesús les da a los de Laodicea: «Dices: "Soy rico; me he enriquecido y no me hace falta nada"; pero no te das cuenta de que el infeliz y miserable, el pobre, ciego y desnudo eres tú» (Apocalipsis 3:17). ¿Existe tal cosa como el cristiano tibio? ¿Pueden ir juntas estas dos palabras? No estoy seguro. Porque este pasaje me indica que no. Infeliz. Miserable. Pobre. Ciego. Desnudo. El padre del hijo pródigo no dijo: «¡Alabado sea Dios! ¡Mi hijo que era ciego sigue siendo ciego!». No. Dijo: «Este hijo mío estaba muerto, pero ahora ha vuelto a la vida; se había perdido, pero ya lo hemos encontrado» (Lucas 15:24). Es claro que uno no puede ser tibio y aun así tener acceso a esa vida plena que Jesús dijo que había venido a darnos (Juan 10:10).

ENCIENDE LO ANORMAL

Hay esperanza. Los de Laodicea afirmaban creer en Cristo, pero eran tibios. Dios iba a vomitarlos. Sin embargo, unos pocos versículos después, en Apocalipsis 3:19-22, leemos que Jesús afirma: «Yo reprendo y disciplino a todos los que amo. Por lo tanto, sé fervoroso y arrepiéntete. Mira que estoy a la puerta y llamo. Si alguno oye mi voz y abre la puerta, entraré, y cenaré con él, y él conmigo. Al que salga vencedor le daré el derecho de sentarse conmigo en mi trono, como también yo vencí y me senté con mi Padre en su trono. El que tenga oídos, que oiga lo que el Espíritu dice a las iglesias».

¿Oyes lo que Jesús está diciendo?

Dijo que llama a la puerta. Dijo que si oyes su voz, y si abres la puerta, solo entonces entrará. No ha entrado todavía. Si has vivido en la tibieza, si has vivido dentro de lo normal y lo cómodo, Jesús está llamando a tu puerta. Quiere que lo dejes entrar. Desesperadamente, quiere que lo conozcas. Mucha gente cree en Dios, pero no lo conoce de veras. Y como no lo conocen de veras, son tibios. La verdad es que si conoces de verdad a Dios, no puedes ser tibio, no puedes creer a medias. Si sigues siendo tibio, tal vez sea porque no conoces quién es Dios en verdad.

Jesús es el Alfa y la Omega. El Principio y el Fin. El Primero y el Último. Él dijo: «Yo soy la vid verdadera», «Yo soy la puerta», «Yo soy el camino, la verdad y la vida», «Yo soy el pan de vida», «Yo soy el buen pastor». ¿Quién es él? Es aquel que se humilló al punto de entrar montado en un burro. Y, sin embargo, cuando regrese estará montando un caballo blanco, con un manto mojado en sangre. Sobre su muslo llevará escrito: «Rey de reyes y Señor de señores». De su boca saldrá una espada para juzgar a las naciones. Él es el León y el Cordero de Dios. Él es el que no tuvo pecado, que nació en una cueva para que nadie pudiera sentirse demasiado poca cosa como para creer en él. Y, sin embargo, dijo que los religiosos eran un nido de víboras. Ellos no lo entendían. Les decía a los pecadores: «Te amo». Al rico le dijo que le sería difícil entrar en el reino de Dios. Es el que sufrió azotes, que sangró, sufrió, murió y resucitó para que podamos tener vida.

Cuando lo conoces, y cuando reconoces todo lo que se te ha perdonado, todo cambia. No puedes seguir siendo la misma persona. Su poder te libera. Su poder te perdona, y de repente ya no puedes ser tibio. *Tienes que hablarles a los demás* de él de todo lo que ha hecho en tu vida. No puedes contenerte. No te lo puedes guardar. No eres egoísta. Él te cambió. Y querrás que otros lo sepan, al punto de que no te importará lo que piensen de ti. Solo te interesará lo que piensa él, porque entiendes que él es tu audiencia de uno solo. No es solamente tu Salvador. Es tu Señor, el Rey de reyes de tu vida. Tu vida ya no es tuya, sino suya. Vives solamente para él.

Cuando le conoces y le sigues, este mundo ya no se siente como tu hogar. Te sientes incómodo siendo normal. Lo que te resulta más cómodo es ser anormal. Te das cuenta de que las cosas de este mundo se harán cenizas. Nadie sería tan tonto como para darlo todo por algo que no durará.

Ahora, tu mente está en los cielos. Piensas en las cosas de lo alto, y por eso tu generosidad. Ves tu dinero y tus posesiones como herramientas que puedes usar para hacer avanzar su reino, para darle gloria a él. Cuando pecas, te arrepientes. Quieres cambiar. Pero no porque tengas miedo de que no te perdone. Sabes que no hay condenación para los que están en Cristo Jesús. No, es que detestas desilusionarlo, detestas vivir en la vida inferior del pecado.

Eres diferente porque él te ha cambiado. No tienes los mismos valores de todo el mundo. Porque lo conoces. Tu corazón sufre por los que no lo conocen. Ahora, tu corazón ya no está atado a este mundo. Porque encuentras sentido, identidad y propósito cuando te pierdes a ti mismo en el servicio a los demás.

Pero quiero advertirte algo. Cuando escapas de lo normal y te vuelves el tipo de persona anormal por Dios, habrá quien se burle de ti. No te preocupes cuando eso suceda. Forma parte de seguir a Cristo. Solo debes preocuparte cuando nadie se burle. Porque si eres normal, nadie lo hará.

> **Si tienes lo suficiente de Cristo como para sentir satisfacción, pero no como para cambiar y transformar tu vida, abre la puerta en respuesta a su llamado y hazlo entrar en tu corazón.**

Si tienes lo suficiente de Cristo como para sentir satisfacción, pero no como para cambiar y transformar tu vida, abre la puerta en respuesta a su llamado y hazlo entrar en tu corazón. Has decidido dejar el camino ancho. Con alegría viajas ahora por el camino angosto. Para otros, tu travesía parecerá anormal, pero tu destino será infinitamente mejor que cualquier cosa que pueda ofrecerte el mundo que se conforma con lo normal.

Porque ya no puedes conformarte a lo normal. No puedes ser normal, porque estás conociendo al Dios del universo, amoroso, lleno de gracia, todopoderoso. Y a medida que vas conociéndole mejor, te vas pareciendo más y más a él. Y cuanto más te parezcas a él, más cambiarás.

Serás más anormal.

Notas

1. Resultados de un estudio de 2009 realizado por el Council for Research Excellence y Ball State University's Center for Media Design, financiado por Nielsen (Council for Research Excellence, «Ground-Breaking Study of Video Viewing Finds younger Boomers Consume More Video Media Than Any Other Group» [Innovador estudio de visualización de vídeo encuentra más jóvenes utilizando recursos audiovisuales que cualquier otro grupo], 26 de marzo de 2009, www.researchexcellence. com/news/032609_vcm.php).

2. Tim Keller, *Counterfeit gods*, Dutton, New York, 2009, p. 171.

3. Muchas de las ideas para este capítulo provienen de la serie de mensajes de Andy Stanley, titulada «Cómo ser rico». Para conseguir una copia, visita northpoint.org. Intento convencer a Andy para que escriba un libro sobre este tema. Si lo hace, ¡cómpralo!

4. www.cnbc.com/id/32862851/More_Upper_Income_Workers_Living_Paycheck_ to_Paycheck.

5. N.T. Para Bookie, la palabra «caridad» se refería a algo así como una agencia de benevolencia. Pero Jojo entendía que era una chica.

6. Lillian Kwon, «Survey: Churches losing youths long before college» [«Los jóvenes abandonan la iglesia antes de terminar la escuela secundaria»], *Christian Post*, 29 de junio de 2009, www.christianpost.com/article/20090629/survey-churches-losing-youths-long-before-college/index.html.

7. http://www.usatoday.com/life/televisión/news/2010-01-20-sexcov20_CV_N.htm.

8. «Estadísticas e información sobre la pornografía en EE.UU.» *Blazing Grace, org.* www.blazinggrace.org/cms/bg/pornstats (accesado octubre de 2010).

Nos agradaría recibir noticias suyas.
Por favor, envíe sus comentarios sobre este libro
a la direccieon que aparece a continuación.
Muchas gracias.

Vida@zondervan.com
www.editorialvida.com

Printed in the USA
CPSIA information can be obtained
at www.ICGtesting.com
LVHW051531210724
785408LV00008B/73